Fabienne Gambrelle

Recettes de Benoît Bordier

photographies des recettes
Jérôme Bilic

stylisme des recettes
Marie Leteuré

100% pâtes

L'éloge des pâtes illustré de 60 recettes inventives

SOLAR

Avant-propos

La pâte est singulière, identifiable immédiatement malgré ses innombrables aspects. On la reconnaît entre toutes les autres nourritures par-delà son extraordinaire variété. De blé ou de riz, longue ou trapue, fine ou épaisse, pleine ou creuse, ronde ou anguleuse, noire ou blonde, la pâte fait preuve d'un polymorphisme voisin du transformisme. Il y a en effet une part de magie dans les pâtes, si changeantes et si constantes à la fois. Cette caractéristique équivoque réserve à l'amateur le plaisir incessant de la découverte. Les occasions ne manquent pas aux curieux ou aux « gastronomades », ces gastronomes en voyage, d'apprécier une pâte inconnue. Et si le gourmet s'enorgueillit déjà d'un savoir encyclopédique sur les pâtes, de blé dur ou tendre, de riz, de pomme de terre, de soja, d'algue ou de haricot mungo, les mille manières de les accommoder lui garantissent un réservoir d'étonnement supplémentaire.

Après la surprise vient l'addiction. Les pâtes ne sont pas seulement une curiosité, elles engendrent la constance : plus on en mange et plus on les apprécie. En effet, qui n'aime pas les pâtes ? Que l'on soit exigeant, connaisseur ou tout simplement affamé, on trouve à tout âge une pâte à son goût, ultracuite ou *al dente*, saupoudrée de parmesan, rehaussée d'huile, enrobée de crème, sautée au wok ou flottant dans un bouillon parfumé. Les mille manières de préparer les pâtes convaincraient les réticents, s'ils se présentaient. Parmi les circonspects se rangeaient autrefois, à regret, les aspirants à la minceur. Qu'ils se rassurent ! Les nutritionnistes, en réhabilitant le pain, ont aussi absous les pâtes. Non, les pâtes ne font pas grossir, à condition bien sûr d'être absorbées en rations raisonnables. Par ailleurs, leurs composants les rendent indispensables à notre équilibre alimentaire.

Les idées fausses sillonnent le monde des pâtes, souvent par méconnaissance. L'histoire des pâtes est en effet un domaine de recherche relativement récent, ouvert par des historiens brillants. Ceux-ci ont entrepris d'établir la vérité dans ce champ neuf de la connaissance, que nous vous proposons d'explorer. Sachant que le savoir rehausse le goût et fait de nous des amateurs au sens noble, tentons de faire la part du vrai et du faux dans cette longue chronique des pâtes alimentaires, qui a engendré un savoir-faire impressionnant, une cuisine illimitée et une gourmandise universelle.

Sommaire

1

Qui a inventé les pâtes ?

Bien des gens croient que l'Italie fut initiée aux nouilles par le célèbre Marco Polo, au retour de son voyage en Asie. Les historiens de l'alimentation ont pourtant brisé cette légende depuis plusieurs années, en établissant la tradition ancienne de la *pasta* italienne. Depuis cette mise au point, la Chine et l'Italie se partagent l'honneur d'avoir inventé les pâtes, chacune à sa façon.

Chine : l'éloge des fils de soie

Les pâtes de Chine auraient été façonnées pour la première fois sous la dynastie Han, entre 206 avant Jésus-Christ et 220 après Jésus-Christ. L'amélioration de la mouture du blé tendre (*Triticum aestivum*), plante allogène venue d'Asie centrale et cultivée en Chine trois mille ans avant notre ère, aurait autorisé cette innovation fondamentale. La farine, obtenue grâce au moulin rotatif et simplement additionnée d'eau, permet l'obtention d'une pâte souple aux emplois multiples, comme le pain ou les pâtes.

La nouille chinoise ancestrale est une pâte fraîche, plus légère que « la plume au vent », pour reprendre la comparaison délicate du philosophe Fu Xuan (217-278). Confectionnée avec de la farine de froment, elle est découpée en longs filaments, « fins comme de la poussière de jade » et « blancs comme pâte d'argent » selon le poète Wu Jun (469-520), et cuite aussitôt. Coutume est vite prise de façonner des pâtes fraîches quand un hôte entre dans la maison. La comparaison, par les écrivains, de la fabrication de ce mets de bienvenue avec le dévidage des cocons de soie témoigne de l'apparence des pâtes autant que de leur valeur.

À l'origine, les pâtes sont un mets d'empereurs et de lettrés, un mets rare et sophistiqué, comme tous les autres produits issus du blé. Un seul terme, *bing*, désigne l'ensemble des préparations à base de blé tendre, non seulement les pâtes mais aussi les pains (galettes ou pains cuits à la vapeur). À partir du Xe siècle, *bing* est réservé aux pains plats et aux pâtisseries. Le mot générique *mian* définit dès lors les pâtes alimentaires, dont le genre se diversifie et se propage sur le territoire chinois en se vulgarisant. Les premières recettes connues, rédigées par Jia Sixie au VIe siècle de notre ère et commentées par Françoise Sabban, spécialiste de l'histoire de l'alimentation en Chine, et des pâtes en particulier, proposent les *shuiyin* et les *botuo*, toutes filiformes, les secondes étant plus courtes que les premières. Ces pâtes fraîches, préparées à la maison, se distinguent d'une autre catégorie, les *qiemian*, pâtes précuites destinées à être stockées. Dans le recueil de Jia Sixie, premier traité d'agriculture chinois, figurent encore les *luosuo*, pâtes en forme de grains, exceptionnelles en Asie. Elles ne sont pas faites avec du blé, mais avec des grains de millet cuits et trempés. Elles tirent parti de la céréale la plus anciennement cultivée en Chine, le millet, qui a nourri les populations du néolithique, mais ce ne sont pas des pâtes alimentaires au sens strict.

Au fil des siècles, les pâtes gagnent des formes et des saveurs inédites selon les ingrédients qui les composent. À la nouille de froment, caractéristique du Nord céréalier, s'ajoute la pâte confectionnée avec de la farine de riz dans les régions plus méridionales, à dominante rizicole. Les Chinois imaginent ensuite les nouilles au sarrasin, au sorgho, au soja, au haricot mungo ou encore au maïs – introduit en Chine par

Aux XIIIe et XIVe siècles, la nomenclature des pâtes chinoises s'enrichit : ceintures (*jingdai mian*), cordons (*suomian*), pâtes étirées à la main (*shoupie mian*), pâtes coupées à la main (*shoucuo mian*), pâtes d'igname (*shanyao mian*), etc. Les pâtes farcies cuites à la vapeur font leur apparition, ainsi que des spécialités étrangères, apportées par les Mongols. Sous les Ming (1368-1644), sont inventées les pâtes aux œufs, et, au XVIIIe siècle, les pâtes précuites deux fois, dans l'eau bouillante puis dans la friture, avant d'être stockées, puis mangées.

BANQUET À LA COUR IMPÉRIALE SOUS LA DYNASTIE TANG (618-907).

les Portugais *via* Macao – comme si, une fois les pâtes inventées, les cuisiniers avaient essayé d'en fabriquer avec toutes les plantes dont ils disposaient. Ces créateurs conçoivent les pâtes à base d'amidon de millet ou de riz, ce dernier étant utilisé par ailleurs en cosmétique pour poudrer le visage et les épaules, auxquels il donne un teint de porcelaine. Souvent, dans les pâtes à l'amidon, des farines issues de diverses céréales sont associées, ou mélangées avec des fécules de haricot de soja ou de haricot mungo, de fève, de patate douce ou d'igname. Ne pouvant être pétries, les pâtes prennent forme dans l'eau bouillante, où leur amidon se gélatinise. Les pâtes de gluten, résultant de l'élimination de l'amidon, caractérisent la cuisine chinoise. Par le trempage du pâton dans l'eau, l'amidon est éliminé. Reste le gluten, qui sert à faire des pâtes aériennes, très digestes, et quantité d'autres mets végétariens, particulièrement recherchés par la cuisine bouddhiste. Les pâtes chinoises se préparent en additionnant à la farine de l'eau ou du bouillon, ou encore du jus de légumes. Pâtes à l'extrait de rave ou de bulbe de lys sont mentionnées dans des livres de cuisine entre les XIe et XIIIe siècles, et probablement consommées à titre médicinal. Dans sa recette du *hundun*, minuscule ravioli, Lin Hong, auteur d'un traité médiéval sur l'alimentation montagnarde, recommande de faire tremper des prunes blanches et de la poudre de bois de santal dans de l'eau mélangée à de la farine pour fabriquer la « peau » du ravioli, découpée ensuite en forme de fleur de prunier. La farce des *hundun* est souvent végétale, alors que celle des *laowan*, autre type de raviolis chinois, à la « peau » plus épaisse, est plutôt carnée.

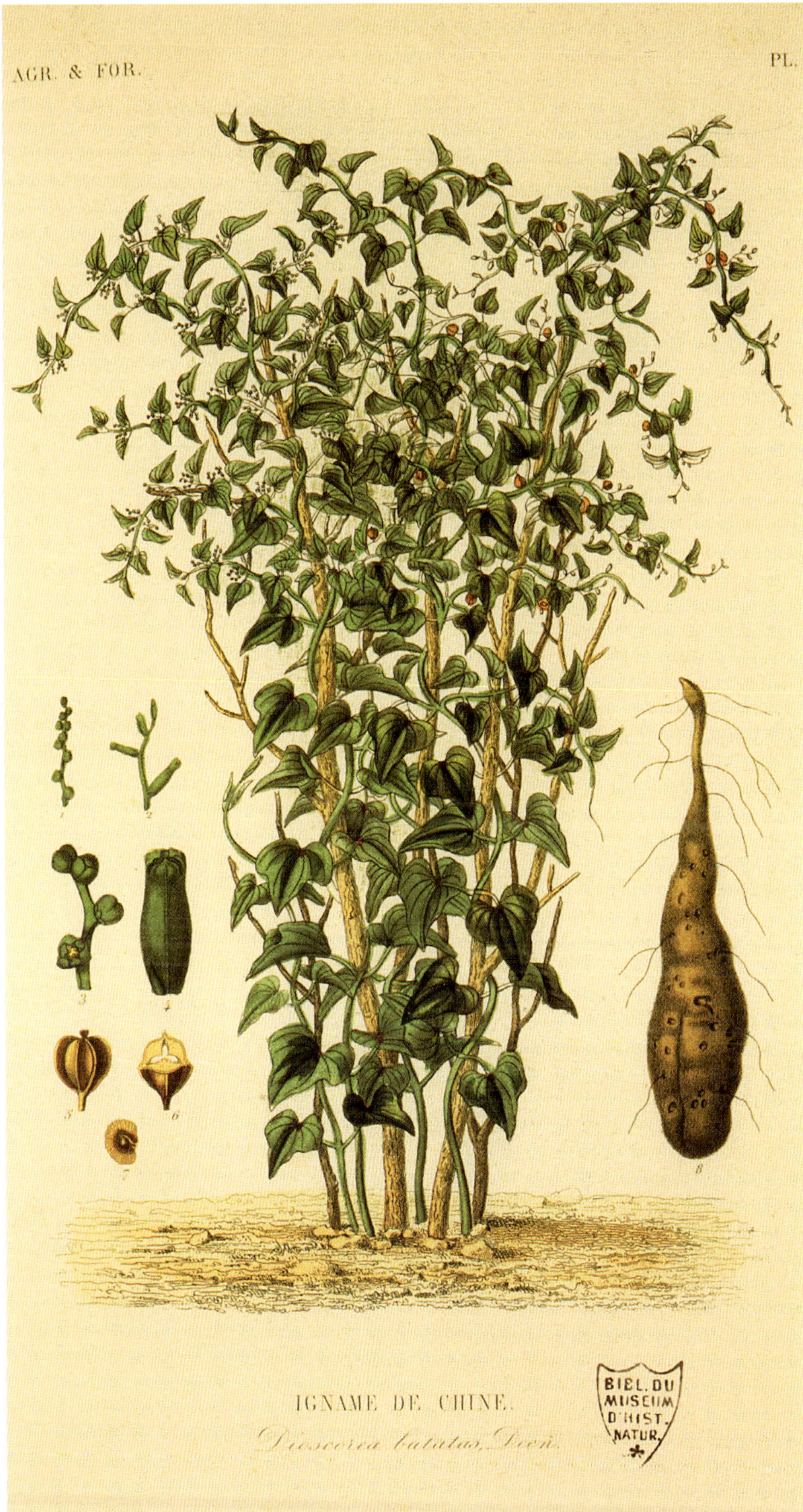

PLANCHES BOTANIQUES DE FROMENT, DE RIZ ET D'IGNAME.

LES ITALIENS MANGENT DES PÂTES DÈS LE HAUT MOYEN ÂGE, BIEN AVANT LE RETOUR DE CHINE DE MARCO POLO.

MARCO POLO, HÉROS MALGRÉ LUI

Dans le tome premier de son *Devisement du monde*, ou *Livre des merveilles*, récit de ses fabuleux voyages à travers le continent asiatique, Marco Polo mentionne les pâtes de la province de Mangi. Il constate le faible rendement du blé, et précise que les grains récoltés sont mangés sous la forme de macaronis et autres préparations, sans commentaire supplémentaire. Les pâtes ne sont en aucun cas une découverte pour le célèbre explorateur, venu d'un pays où l'on mange des pâtes depuis des siècles. La théorie d'un Marco Polo initiant les Italiens aux nouilles chinoises aurait été inventée durant l'entre-deux-guerres par les chroniqueurs du *Macaroni journal*, organe des fabricants de pâtes américains. Selon les rédacteurs de ce support de communication, le fringant Marco Polo aurait, à la fin de son voyage, courtisé une jeune cuisinière chinoise. L'ardent Italien aurait tant ému la donzelle qu'elle en aurait oublié une pâte sur le feu. La cuisson prolongée aurait produit de longs filaments, que Marco Polo aurait emportés sur son navire, en partance vers l'Europe, afin de cacher la faute de la jeune cuisinière et de la protéger ainsi du courroux de ses maîtres ! Prise pour argent comptant par la planète entière, cette mystification orchestrée à des fins purement mercantiles pour émouvoir les ménagères ne tient manifestement aucun compte de la réalité historique.

Italie : au-delà des connaissances romaines

Durant l'Antiquité, les Romains mangeaient de la bouillie de céréales, ainsi que du pain. Le pétrissage leur aura-t-il donné l'idée de confectionner une croûte fine à base de farine et d'eau pour envelopper certaines préparations, inventant ainsi les lasagnes dont Gavius Apicius, qui aurait vécu sous Tibère (14-37 apr. J.-C.), propose la recette dans sa *patina* ? Ce mets, dont Apicius serait le créateur, naît d'un étagement de fines abaisses de pâte (*lagana*) séparant des couches de ragoût de tétine de truie, de poisson et de poulet, de filets de grive et de filets de becfigue, petits oiseaux aussi nommés « becs-fins ». La version simplifiée de la *patina* d'Apicius, dite « quotidienne », est similaire, mais la farce ne contient pas de passereaux. Ces deux recettes, considérées comme la version antique des lasagnes,

apparaissent dans le livre de cuisine attribué à Apicius, *De re coquinaria libri decem*, en réalité rédigé et augmenté au fil des ans par divers auteurs rassemblés sous le nom du célèbre gastronome, connu pour son faste et ses extravagances culinaires, qui le menèrent à la ruine et au suicide.
Les Romains, considérés comme les inventeurs des lasagnes grâce à Apicius, connaissent aussi les vermicelles. En effet, dans l'est de l'Empire romain, en Palestine, dès le IIIe siècle de notre ère, les autorités religieuses des communautés juives débattent de la nature de certaines pâtes cuites à l'eau, puis frites, signalées par le terme latin *itrium*. Ces pâtes filiformes doivent-elles être soumises, comme le pain, au prélèvement de la *hallah*, part de pâte offerte aux prêtres ? Non car, contrairement au pain, elles sont cuites dans une marmite d'eau bouillante et non au four, ce qui les dispense de l'obligation de la *hallah*.
Avec un répertoire de pâtes limité aux lasagnes et aux vermicelles des communautés juives vivant dans la partie orientale de l'empire, les Romains ne peuvent être tenus pour de gros mangeurs de pâtes ayant transmis leur passion aux Italiens du Moyen Âge. Toutefois, leurs connaissances céréalières et boulangères ont certainement contribué, même modestement, à la mise au point progressive de techniques pastières qui feront de l'Italie, au fil du temps, une référence mondiale en la matière.

La contribution des Arabes au savoir italien

L'apport arabe se superpose à la tradition romaine en matière de *pasta* en Italie. Ce sont en effet les Arabes qui, entre le IXe et le XIIe siècle, apprennent aux Siciliens l'usage et la fabrication des pâtes séchées à base de blé dur (*Triticum durum*), peut-être inventées pour servir de conserves lors des longs voyages à travers le désert. Les contraintes du nomadisme auraient rendu nécessaire le stockage du blé sous des formes adaptées au voyage, mais Silvano Serventi, auteur avec Françoise Sabban d'un ouvrage fondamental sur l'histoire des pâtes, remet en cause cette supposition ; il lui en préfère une autre : les pâtes sèches, en particulier les pâtes filiformes, pourraient provenir de Perse. Cette théorie, qui reste à étayer par des travaux précis, montre que l'histoire déjà longue des pâtes demeure un domaine de recherche à étudier et à préciser.

LA *PATINA COTIDIANA* D'APICIUS

Cuisez à la cocotte les viandes hachées, délayées avec du *garum* (sauce de poisson séché), du vin et de l'huile, des œufs, du poivre et de la livèche, plante méditerranéenne dont les racines ont un goût poivré, et les feuilles, l'arôme du céleri. « Mettez au fond du moule de bronze une abaisse et une pleine louche de chair, arrosez d'huile et disposez de la même façon une feuille de pâte. Alternez les feuilles de pâte et les louches de farce. Placez au sommet une feuille de pâte percée d'un roseau creux. Renversez sens dessus dessous sur un plat, saupoudrez de poivre et servez » (*De re coquinaria libri decem*, Ier siècle).

MARCHANDS ET CONQUÉRANTS ARABES DIFFUSENT LEUR ART DES PÂTES EN MÉDITERRANÉE AU MOYEN ÂGE.

PLANCHE BOTANIQUE DE BLÉ DUR ET DE BLÉ TENDRE.

BLÉ DUR, BLÉ TENDRE

Ces plantes cousines se différencient par la dureté de leurs amandes, contenues dans les fruits et protégées par plusieurs enveloppes. L'amande du grain de blé tendre se caractérise par sa friabilité, qui permet aux meuniers d'obtenir de la farine aux particules extrêmement fines. L'amande du grain de blé dur, au contraire, est extrêmement dure, comme son nom l'indique ; la semoule qu'on obtient au terme de l'écrasement est alors granuleuse.

Si les Arabes nomades n'ont sans doute pas été les inventeurs des pâtes sèches, ce sont pourtant bien eux qui les ont apportées en Andalousie, puis en Sicile, régions à partir desquelles elles se répandent dans le reste de l'Europe. Un recueil andalou anonyme mentionne des pâtes alimentaires nommées *fidaws* : elles « se font avec de la pâte et il en existe de trois sortes : l'allongée comme les grains de blé, la ronde à forme de graine de coriandre [...] ; mais la plus fine [...] est comme du papier, vraie nourriture de femmes, on les cuisine avec de la courge, des aromates et de la bonne graisse. [...] la cuisson des *fidaws* est semblable à celle des *itriyya.* » Ces *itriyya*, ou vermicelles, sont au Moyen Âge à base de blé dur ou de riz, céréale asiatique introduite en Europe par les Arabes. Le mot arabe *fidaws* engendre le terme espagnol *fideos*, synonyme d'*aletria*, qui désigne une sorte de vermicelle, comme l'italien *tria*, dérivé d'*itriyya*.
Ce sont des *itriyya* que la Sicile exporte massivement au Moyen Âge. À Trebia, près de Palerme, « on produit tant de pâtes, écrit le géographe arabe al-Idrisi au XIIe siècle, que l'on en exporte en tous lieux, en Calabre et dans d'autres pays musulmans et chrétiens, et on en expédie un très grand nombre de cargaisons de bateaux ». Ainsi les pâtes sèches sont produites en Sicile, mais aussi en Sardaigne. Sur ces deux îles, équipées de moulins et dotées d'une agriculture céréalière réputée, les pâtes sèches sont fabriquées en quantité pour être consommées sur place ou exportées, car elles se gardent pendant deux ou trois ans et résistent aux longs trajets. Elles offrent aux villes médiévales une solution simple pour stocker un appoint céréalier. Les marchands génois s'occupent activement de ce fructueux négoce. Ils opèrent dans l'ensemble du bassin méditerranéen, et approvisionnent le nord de l'Italie avec les produits du sud de la péninsule, avant de commencer à en fabriquer eux-mêmes.
Au Moyen Âge, les Italiens consomment déjà plusieurs types de pâtes : vermicelles, raviolis, lasagnes, *croseti*, *tortelli* et *macaroni*, ce dernier terme définissant aussi bien l'ensemble des pâtes sèches qu'une forme précise de pâtes. Les macaronis tels que nous les connaissons actuellement n'existent pas à l'âge médiéval : ils s'apparentent alors aux gnocchis, petites boulettes frites faites de farine mêlée à du fromage ou à des œufs.
Déjà coexistent deux procédés, celui des pâtes fraîches (*pasta fresca*) et celui des pâtes sèches (*pasta secca*). Les pâtes fraîches contiennent environ un tiers d'humidité, les pâtes sèches seulement un dixième. Certaines pâtes sont toujours fraîches,

comme les raviolis, d'autres toujours sèches, tels les vermicelles, d'autres enfin, comme les tagliatelles, peuvent être trouvées aussi bien sous une forme que sous l'autre. Si le blé dur est toujours la base des pâtes sèches, il peut aussi servir à réaliser des pâtes fraîches, dont l'ingrédient de prédilection reste cependant en général le blé tendre.

Selon maître Martino de Rossi, cuisinier du duc de Sforza et auteur d'un livre de cuisine, *Libro de arte coquinaria*, vers 1564, les pâtes sèches peuvent se garder deux ou trois ans. Ce serait par exemple le cas des macaronis à la sicilienne quand ils ont été confectionnés à la lune d'août... Cette recette proposée par le chef italien s'avère particulièrement minutieuse : les pâtes sont façonnées en petits brins, puis trouées une à une avec un fil de fer. En ce qui concerne les vermicelles, le maître italien recommande d'ajouter de l'eau de rose dans la pâte ainsi que du blanc d'œuf, afin de la durcir.

En résumé, la pâte italienne procède d'une double influence arabe et romaine, amplifiée par une réelle créativité et stimulée par la production locale de blés durs d'excellente qualité, en particulier celui des Pouilles. Le chapitre réservé aux « choses qui se mangent » du catalogue des inventions italiennes, publié en 1553 à Venise, prétend que Libista, paysanne lombarde de Cernuschio, aurait créé « les raviolis enveloppés dans la pâte » et que Melibea de Manerbio serait l'inventrice des raviolis à la sauge (*salviati*). Difficile de dater l'apparition des différents types de pâtes, apparition souvent parée de légendes tel ce conte se rapportant aux tagliatelles : elles auraient été imaginées par un seigneur italien désireux de rendre hommage à la beauté blonde de Lucrèce Borgia...

Cette inventivité italienne en matière de pâtes est à la source d'un savoir-faire qui a engendré une authentique « culture » de la *pasta*. Celle-ci, d'après l'écrivain italien Giuseppe Prezzolini (1882-1982), aurait plus contribué à la renommée de l'Italie dans le monde que l'œuvre de Dante. Cette sortie provocante souligne à quel point l'image de l'Italie « colle » aux pâtes. Ce lien indéfectible brouille l'histoire des origines de la *pasta*, qu'il est peut-être vain de vouloir préciser à tout prix. Le surgissement lent, diffus et multiforme d'un savoir pastier en Italie correspond au mûrissement d'un véritable génie des pâtes, qui s'épanouira tout au long des siècles et donnera le goût de la *pasta* au monde entier, Chine comprise.

PROPICES AUX LONGS VOYAGES EN MER OU À TRAVERS LE DÉSERT, LES PÂTES SÈCHES ONT PEUT-ÊTRE ÉTÉ IMAGINÉES PAR LES ARABES, OU BIEN IMPORTÉES DE PERSE.

2
L'art des pâtes

à l'origine, pâtes sèches et pâtes fraîches sont façonnées à la main et découpées au couteau. Cette manière de faire est toujours en usage pour les pâtes fraîches, qu'elles soient italiennes, chinoises, japonaises ou coréennes. En revanche, la production des pâtes sèches est désormais le monopole des industriels, forts d'un succès récent : les nouilles déshydratées.

Travailler à la main

En Italie, les pâtes sont modelées dans l'air ambiant, et non en milieu humide comme c'est parfois le cas en Chine. Parallèlement à une fabrication domestique de pâtes fraîches, difficile à évaluer mais certaine, la confection des pâtes vendues localement, sèches aussi bien que fraîches, revient aux boulangers dans l'Italie médiévale. En vermicellerie comme en boulangerie, le pétrissage se compose de deux opérations : le frasage, mélange de l'eau et de la farine ou de la semoule, et le laminage, qui consiste à comprimer la pâte pour la rendre homogène. Pour cela, les vermicelliers du Moyen Âge emploient souvent une brie (ou broie), barre de bois reliée à un pivot, initialement conçue pour broyer les fibres de chanvre ou de lin.

Le façonnage des pâtes à partir du pâton brié est exécuté à la main, éventuellement avec l'aide d'un rouleau. Les pâtes sont tranchées au couteau, avec une roulette à découper ou un fer à macaronis. Ce cylindre dentelé, muni de deux poignées, est roulé sur la pâte, qu'il découpe au passage. Enfin, les pâtes sont mises à sécher sur des claies ou sur des échelles de bois.

Le séchage s'effectue en trois étapes : une première exposition au soleil raidit la pâte, une station dans un abri frais assouplit la croûte, puis la déshydratation s'achève lentement à l'ombre. Les pâtes vendues à l'export restent plus longuement au séchage afin de permettre une conservation plus durable. Le séchage détermine la qualité des pâtes, et explique en grande partie celle des pâtes napolitaines et leur réputation. Le climat de la région comme le savoir-faire acquis par les Napolitains en matière de séchage permettent en effet d'aboutir à des pâtes de valeur supérieure, avec lesquelles longtemps les produits d'autres zones géographiques n'ont pu rivaliser.

PRÉPARATION DES PÂTES SELON LES *TACUINA SANITATIS* DU CODEX VINDOBONENSIS, MINIATURES RÉALISÉES AU XIVE SIÈCLE PAR DES LOMBARDS ET DES VÉNITIENS POUR ILLUSTRER DES TEXTES DIFFUSANT LES CONNAISSANCES DE LA MÉDECINE ARABE ET DE L'ÉCOLE DE SALERNE.

MILLEFANTI

Comme la cuisine andalouse, la cuisine italienne possède une pâte graniforme, à cuire dans un bouillon ou dans du lait. On en trouve la recette en 1570 dans un recueil paru sous la signature de Bartolomeo Scappi. Les pâtes se façonnent avec un peu d'eau salée et de farine en boulettes minuscules, pas plus grosses que des grains de mil ; elles sont ensuite passées au tamis et séchées au soleil, ou au four, ou encore sous la cendre.

VUE DE GÊNES, L'AUTRE CAPITALE DE LA *PASTA* AU MOYEN ÂGE, AVEC LA VILLE DE NAPLES, EN ITALIE (GRAVURE).

Naissance d'un métier autonome

Aux XVIe et XVIIe siècles, les arts de la vermicellerie et de la boulangerie, jusque-là confondus, se désunissent en Italie. Ce divorce, témoignant de la montée en puissance de l'activité des pâtes alimentaires, se justifie par la différence réelle des procédés, celles-ci n'étant ni cuites au four ni levées par des ferments ou des levures, contrairement au pain. À Naples, les vermicelliers sortent de la corporation des boulangers et fondent un corps autonome en 1571. En 1699, ils changent de nom et se rebaptisent *maccaronari*. Les « lasagniers » de Florence tâtonnent dans leur quête identitaire : ils forment une corporation avec les cuisiniers, avant de rejoindre le corps des fabricants de beignets. L'art des *fidelari*, dont le nom dérive de l'arabe *fidaws*, naît à Gênes en 1574, celui des vermicelliers romains en 1642. Ces derniers confectionnent et vendent aussi bien des pâtes fraîches que des pâtes sèches.

Dans le sud de la France, les Provençaux confectionnent des pâtes à la manière italienne dès le Moyen Âge, ce que confirme le *Thrésor de santé ou Mesnage de la vie humaine*, texte anonyme publié à Lyon en 1607 et dans lequel l'historien Jean-Louis Flandrin (1931-2001) relève ces recettes : « Pour faire les menudés, on passe fort déliement de la fine fleur de farine, qu'on détrempe et pétrit en eau avec blancs d'œuf et eau de rose. Les ayant mis de telle forme qu'on veut, on les sèche au soleil. Les vermisseaux ou macarons se forment avec les doigts fort déliement comme des petits vers [...], les fidiaux comme les macarons. On les fait sécher en Provence sur des linges blancs, au soleil, puis on les garde un ou deux

ans au plus. [...] Les lozans et crozets sont pétris avec de l'eau et fine fleur de farine. On étend la pâte sur une table avec pilon bien délié plus gros au milieu que par les bouts. On la découpe par losanges pour la sécher. »

En France, la première corporation de vermicelliers n'est créée qu'en 1749. Les Français ont sans doute découvert les pâtes grâce à cette Provence, précoce adepte des pâtes italiennes, et par l'intermédiaire des communautés juives. Le débat qui préoccupait les juifs de Palestine au Ve siècle, cherchant à déterminer si les pâtes doivent ou non être soumises à l'obligation de la *hallah*, c'est-à-dire au prélèvement d'une portion de pâte destinée aux prêtres, tracasse également les juifs du nord de la France, consommateurs de vermicelles dès le XIIe siècle. Au Moyen Âge, la cuisine des communautés juives d'Allemagne inclut également des pâtes filiformes. En dépit des apports incontestables des cuisines juive et provençale, les Français intègrent tardivement les pâtes dans leur régime alimentaire, et seulement au compte-gouttes. La légende de Catherine de Médicis révolutionnant la gastronomie française de la Renaissance par l'apport de la *pasta* fonde un autre mythe de l'histoire des pâtes, qu'on appellerait volontiers « le fantôme des Médicis » en empruntant son titre à un chapitre de l'*Histoire littéraire de la sensibilité gastronomique de l'Antiquité à nos jours*, de Jean-François Revel (1979). Cette théorie des Médicis promoteurs des pâtes en France est aussi coriace que le mythe de Marco Polo rapportant les nouilles de Chine, et tout aussi fausse. La révolution de la gastronomie française aux variations subtiles qu'auraient prétendument déclenchée les cuisiniers des Médicis, en rupture avec la cuisine copieusement épicée du Moyen Âge, interviendra en réalité au XVIIe siècle, sans véritable influence italienne.

À la fabrique : un mode mixte

« Si le pétrissage de la pâte est l'opération la plus pénible, celle qui nécessite le plus d'efforts physiques, la mise en forme des pâtes est certainement la plus longue, la plus fastidieuse et donc la plus coûteuse, dès lors qu'elle doit se faire à la main », explique l'historien Silvano Serventi. Pour ces raisons, l'invention de la presse à filière et le début de sa diffusion en Italie au XVIe siècle provoquent un bouleversement radical dans l'activité pastière. Elle permet la production en nombre de la *pasta d'ingegno*, sortie de ce nouvel « engin » qu'est la presse à filière, présentée par le médecin français Paul-Jacques Malouin dans sa *Description et détails des arts du meunier, du vermicellier et du boulanger* (1767).

Fondateur de la première manufacture de pâtes parisienne au XVIIIe siècle, Malouin énumère les instruments et les étapes nécessaires à son métier. Il montre comment pétrir la semoule avec de l'eau chaude et la manière de la brier. Cette opération consiste à battre la pâte pendant deux heures à l'aide d'une brie en bois, « ayant la cuisse droite et la main du même côté sur l'extrémité de la brie, tandis que l'autre jambe donne le mouvement, en frappant prestement du pied contre terre pour s'élever avec la brie, ayant la main gauche levée en

PASTAJO PRÉPARANT DES MACARONIS SUR SON STAND AU MARCHÉ.

SUR LE MARCHÉ DE NAPLES SONT VENDUES LES PÂTES FABRIQUÉES DANS LA CAMPAGNE ENVIRONNANTE.

DÉCHARGEMENT À NAPLES DES PÂTES FABRIQUÉES À TORRE ANNUNZIATA OU GRAGNANO, AU XIXE SIÈCLE.

l'air et en mouvement : la tête suit aussi ces mouvements qui se font en cadence par les Italiens, plus encore par les Provençaux ». À diverses reprises, Malouin confirme la présence d'une tradition pastière en Provence, dont l'excellence des réalisations égale selon lui les productions napolitaine et génoise. Il note qu'en Provence les boulangers sont aussi généralement vermicelliers, comme ils sont également pâtissiers dans d'autres régions. Avec d'autant plus de fierté qu'il s'agit du résultat de son labeur, Malouin pointe enfin le savoir-faire parisien : « On fabrique actuellement à Paris de toutes sortes de pâtes, connues sous le nom de pâtes d'Italie, qu'on faisait venir autrefois de Gênes et de Naples. »
Les vermicelles s'obtiennent en employant une presse à vis verticale, de même que les lasagnes ou les macaronis. La pâte briée, morcelée, est placée dans une cloche à la base de laquelle est fixé le moule à vermicelles. Un réchaud est allumé sous la cloche tandis que la presse s'applique en haut, sur la pâte recouverte d'un linge. Sous l'effet de la presse, la pâte traverse le moule et en ressort amollie, réduite à des filets « qui, repliés, ont la figure des vermisseaux », précise Malouin. Tiédis par la presse, les vermicelles sont rafraîchis à l'aide d'un éventail de carton à leur sortie du moule. Grâce à cette ventilation manuelle, ils cassent net quand ils sont détachés de la machine à la main, et n'adhèrent pas les uns aux autres ; sinon, ils « font la mèche », disent les vermicelliers. Les poignées de

Séchage des pâtes dans une fabrique de macaronis à Palerme, au début du XXe siècle.

vermicelles cueillies à la sortie du moule sont déposées sur un support de papier, puis divisées en « petites pincées », pliées en « serpenteaux » et mises à sécher sur des claies.
Les macaronis et les lasagnes, décrites par Malouin comme de « grands lacets plats » aux bords parfois festonnés, s'obtiennent de la même manière que les vermicelles : le vermicellier n'a qu'à changer le moule ajusté au fond de la cloche. Malouin insiste sur l'importance du chauffage dans la confection des macaronis. La chaleur, comme pour les vermicelles, facilite le passage dans les filières en attendrissant la pâte. Elle doit permettre de surcroît la fermeture des macaronis, en joignant les deux extrémités des pâtes pour former des tubes.

Premières victoires de la *pasta*

En Italie, les « macaroniers » napolitains sont les premiers à s'équiper de presses à filière, et leur production augmente notablement, à qualité égale, voire supérieure ! L'usage de la presse à filière se propage dans la péninsule italienne et, par la suite, dans les autres pays d'Europe. L'abaissement des coûts de production permis par la presse à filière entraîne l'essor de la vermicellerie italienne. Les pâtes se popularisent, la demande s'accentue. Des manufactures sont fondées pour approvisionner les villes de Naples et de Gênes, dont les pâtes deviennent le modèle dominant.

PRESSE À FABRIQUER LES SPAGHETTIS, 1910.

GENS DE PHLIN

Le vermicellier L. Deckherr souhaite fonder un moulin et une vermicellerie à Phlin, près Nomeny, dans la Meurthe, en 1868. À cette fin, il établit un dossier préparatoire qui nous renseigne sur l'organisation d'un tel établissement. Le vermicellier prévoit l'installation d'une machine à vapeur de huit chevaux pour faire fonctionner l'entreprise. Deckherr annonce qu'il emploiera trois personnes au moulin et, dans la fabrique de pâtes, quatre hommes payés deux francs par jour, ainsi que quatre jeunes hommes à un franc cinquante et neuf jeunes filles à un franc, ces façonnières étant payées avec un salaire journalier et non à la pièce, comme c'est ailleurs la coutume.

Le roman italien *Francesca e Nunziata* de Maria Orsini Natale (1996), publié en français sous le titre *la Main à la pâte*, retrace cette histoire. À travers la saga d'une famille de la côte amalfitaine, le livre relate la *success story* d'une activité qui, passant de l'artisanat à l'industrie *via* la fabrique, engendrera la plus grande industrie pastière au monde. Le meunier Giuseppe fonde cette dynastie. Il vit sur une falaise, dans un moulin édifié près d'une cascade, entouré de sa femme, de ses filles et de ses petites-filles, qui l'aident toutes à exercer ses deux métiers de meunier et de vermicellier (*pastaio*). Francesca, née en 1849, est l'une des plus habiles et des plus actives des petites-filles de Giuseppe, et sa préférée. Durant son enfance, la *maccaronìa* familiale prospère : en effet, les Napolitains mangent de plus en plus de pâtes, et celles du meunier sont si bonnes ! En particulier ses *pàccari* ou *schiaffone* « au séchage très délicat », obtenus « en enroulant autour d'un bâton une bande de pâte de six centimètres ».
La réussite de son négoce oblige le meunier à fabriquer des pâtes toute l'année : il ne peut plus se contenter de travailler à la belle saison, idéale pour le séchage des pâtes. Malgré le froid et surtout la pluie, sa hantise car elle gâte les pâtes, Giuseppe envoie sa production tout au long de l'année par bateaux vers la ville. Chaque semaine, les femmes de Giuseppe descendent sur la côte avec des paniers remplis de pâtes, qu'elles prennent garde à ne pas renverser. Après avoir livré leur précieux fardeau, elles remontent vers le moulin avec les paniers vides, rapportés d'une Naples dévoreuse de macaronis, d'*orecchiette*, de *tagliolini*, etc.
Afin de satisfaire la gloutonnerie citadine, Giuseppe décide de s'installer dans un lieu plus propice. Au pied du Vésuve, associé à son gendre, le père de Francesca, le *pastaio* donne une autre échelle à sa production. À la main-d'œuvre familiale, il adjoint des employées payées à la pièce, puis une machine, la *gramola* à perche, pour mélanger l'eau et la farine, et battre la pâte. La fabrique s'équipe d'une presse horizontale : « La roue tournait, tournait, et le grand-père, perché là-haut devant la filière, attendait au passage les fuseaux de pâte qui débouchaient horizontalement des orifices comme de petits yeux curieux. Alors il tranchait net, en tournant la manivelle qui actionnait le couteau incorporé dans la machine, et veillait à ce que le mouvement de son bras fût régulier, car les cylindres tout en finesse devaient être coupés à la même longueur. Ainsi, à ce rythme, il pleuvait allègrement de petites pâtes dans la grande corbeille du dessous et, à chaque tour, le

bruit plaintif du bois au travail faisait gémir la roue comme un être humain qui soupire. » Ensuite arrive la presse verticale, permettant la fabrication des vermicelles. Après la mort de Giuseppe, Francesca puis sa fille adoptive, Nunziata, dirigeront l'affaire et continueront à moderniser les installations.

À la mode d'Italie : l'exemple de la France

Equipées de machines de plus en plus performantes imaginées par des fabricants italiens, les manufactures de pâtes se multiplient en Europe et en Amérique au XIXe siècle. Sur le Vieux Continent, l'activité s'étend de l'Espagne à la Russie, toutes deux productrices d'excellents blés durs. La Roumanie, la Hongrie et le Portugal participent à cet essor pastier, de même que l'Allemagne, l'un des plus gros producteurs européens de nouilles et de vermicelles. Parmi les sociétés primées lors des expositions universelles organisées à Paris au XIXe siècle, le jury distingue encore des fabricants de pâtes venus de Belgique ou de Grèce, et, bien sûr, les Français.
En France, au début du XIXe siècle, une vingtaine de fabriques de pâtes sont recensées sur le territoire. Grâce à la qualité de ses blés, la région de Clermont-Ferrand se montre particulièrement active dans le secteur, encore largement manuel malgré l'emploi de quelques machines. Les fabricants de pâtes sont

PAGE 24 : LE SPAGHETTI EST LA PÂTE LA PLUS VENDUE DANS LE MONDE, DEVANÇANT NETTEMENT TOUS LES AUTRES TYPES DE PÂTES ITALIENNES. C'EST LA PÂTE PRÉFÉRÉE DES FRANÇAIS ET DES AMÉRICAINS.
PAGE 25 : UNITÉ DE SÉCHAGE DANS UNE USINE DE SÃO PAULO, AU BRÉSIL, VERS 1940.

ATELIER DE CASSAGE DES ŒUFS DANS L'USINE DE PÂTES LUSTUCRU DE GRENOBLE (FRANCE), 1958.

aussi minotiers et produisent la semoule dont ils ont besoin. Or, leur production ne suffit pas à la demande nationale, et la France importe des pâtes d'Italie.

Dans la deuxième moitié du XIXe siècle, les équipements des manufactures françaises se perfectionnent et les conditions de travail des ouvriers s'améliorent. Auparavant, « les vermicelliers travaillaient nus jusqu'à la ceinture comme les boulangers ; un bon pétrisseur, disait-on, devait constamment avoir le dos ruisselant de sueur pendant son travail : c'était la barbarie », relève l'ingénieur Charles Touaillon, auteur d'un état des lieux de la vermicellerie française en 1867. La harpie, roue dentée en fonte, réalise désormais le pétrissage, et certains fabricants possèdent déjà un pétrin mélangeur. Le chauffage des cloches des presses s'effectue à la vapeur, ce qui met fin à la présence de fumées dans la fabrique. La cloche est enserrée jusqu'à mi-hauteur par une coquille dans laquelle circule la vapeur. Un ouvrier surveille la machine en permanence et règle la température à l'aide d'un robinet. Ce nouveau système de chauffage est plus facile à contrôler que celui qui s'effectuait autrefois avec un brasier. Les établissements les plus en pointe dotent leurs presses d'un ventilateur rafraîchissant les pâtes à la sortie du moule. Une fois garnies de pâtes, les claies, en fil de fer et non plus en bois, sont portées au séchoir, chauffé grâce à un calorifère généralement installé à l'étage inférieur, et non plus à l'aide d'un poêle installé dans la pièce comme c'était pratiqué quelques années plus tôt. Les séchoirs sont ventilés, ce qui permet de renouveler l'air chaud en permanence. Avec ce système, les vermicelles mettent trente-six heures à sécher ; les macaronis, eux, mettent plusieurs jours, à l'intérieur d'une étuve spéciale, à une température plus basse que celle des vermicelles pour éviter qu'ils ne s'émiettent.

Mieux équipées, les manufactures continuent pourtant à employer une main-d'œuvre importante, indispensable à la manutention, au fonctionnement des machines, à l'achèvement de la mise en forme des pâtes ou au séchage. À la sortie de la presse, les pâtes longues sont couchées dans des corbeilles et portées à l'atelier de pliage, où la confection demeure complètement manuelle. « Il faut une grande habitude et beaucoup de vivacité pour plier les différentes pâtes, souligne Charles Touaillon. Les femmes qui exécutent ce travail sont à la tâche ; celles qui sont habiles gagnent de très bonnes journées ; les pâtes sortent flexibles des presses ; les femmes les reçoivent en cet état, les coupent et les placent sur des claies en leur donnant la forme de huit ou de boucles diverses. Quant aux macaronis, on les replie au milieu seulement, les tubes restent droits et ne sont courbes qu'au milieu. » En revanche, la finition des petites pâtes, en forme d'étoiles, de cœurs, de croix de Malte, de fleurs de lys, de chiffres ou de lettres, extrudées par les presses verticales – les presses horizontales étant réservées aux vermicelles –, ne nécessite plus d'intervention humaine : à l'orifice du moule, un couteau rotatif s'occupe de découper ces menus produits.

La mécanisation des procédés entraîne le décollage de la semoulerie et de la vermicellerie françaises après 1860. À Marseille est mis au point un processus mécanique prenant en charge l'épuration du blé, opération très longue, effectuée jusque-là manuellement au tamis et nécessitant une très importante main-d'œuvre. Lors de l'Exposition

DES PÂTES INSOLITES : LES SPÄTZLES

Dans l'est de la France, en Alsace, en Suisse et dans le sud de l'Allemagne, les repas de famille ont souvent une bonne odeur de blé et d'oignons grillés. Quelques minutes avant de passer à table, le cuisinier ou la cuisinière façonne les Spätzles, dont la pâte repose depuis une demi-heure. À Ravensburg, le mélange contient cinq cents grammes de semoule de blé dur et quatre œufs, ajoutés au fur et à mesure. Le pétrissage s'effectue à l'aide d'une spatule, en ajoutant un petit peu d'eau, jusqu'à obtention d'une pâte élastique. Une demi-heure après sont effectués le façonnage et la cuisson, deux opérations quasiment simultanées : la pâte est déversée dans une Spätzlepresse, sorte d'entonnoir fixé à une râpe posée au-dessus d'une casserole où de l'eau bout. L'entonnoir est déplacé latéralement sur la râpe et les Spätzles tombent dans l'eau. Quand ils reviennent à la surface, ils sont cuits. Ces petites chenilles de pâte sont récupérées à l'aide d'une écumoire, disposées au fond d'un plat creux et recouvertes de fromage râpé et d'oignons frits. On couvre le plat, puis on fait cuire une nouvelle série de Spätzles. Quand la pâte est épuisée, la timbale de Spätzles est apportée à table, en accompagnement d'une viande. S'il y a plus de pâtes que le plat ne peut en contenir, elles sont arrosées d'eau froide, gardées au réfrigérateur et mangées le lendemain, gratinées au four. En Souabe, les cuisinières préfèrent le couteau à la Spätzlepresse. Elles emploient une lame large pour débiter la pâte au-dessus de la casserole, et leur habileté est célébrée à l'aune de la finesse des Spätzles obtenus, servis adoucis d'un peu de beurre ou dans un ragoût de bœuf, le *Gaisburger Marsch*, apparenté au pot-au-feu. En Suisse, les Spätzles, indifféremment appelés *Knöpfli*, se confectionnent de la même manière, à l'aide d'un couteau. Ils peuvent être accommodés au fromage et au beurre, ou grillés à la poêle et agrémentés de chapelure, dans une version dite « à la polonaise ». Les industriels proposent des Spätzles longue conservation, plus fins que les précédents, qui ressemblent à des brindilles. Robert Heimburger est le premier à avoir mis au point un procédé industriel en Alsace, en 1962, pour fabriquer ces pâtes traditionnelles.

universelle de 1878, en France, la semoulerie marseillaise se profile comme l'une des principales industries de la ville. Elle doit en partie sa prospérité à son approvisionnement régulier en blés durs arrivant d'Algérie ou de la mer Noire, facilité par sa situation géographique et ses installations portuaires.
La production de pâtes augmentant et les prix diminuant, les Français mangent plus couramment ces produits et commencent à en exporter à la fin du XIXe siècle. La France envoie les pâtes fabriquées à Clermont-Ferrand, à Marseille, à Toulouse, à Grenoble, à Valence, à Nice ou à Toulon vers la Suisse et l'Allemagne, également productrices. La tradition pastière allemande repose sur les pâtes aux œufs et sur les pâtes à la farine, et s'apparente à celle qui existe à Bologne, dans le nord de l'Italie, et surtout en Alsace, détentrice d'un savoir ancien en la matière.

L'originalité alsacienne

À la fin du XVIIe siècle, l'abbé Bernardin Buchinger a publié un *Livre de cuisine*, très diffusé, proposant une définition précise des pâtes alsaciennes : « Les nouilles sont faites de beaucoup d'œufs, de bonne farine et de sel. Pas d'eau, mais des œufs en quantité. » Au XIXe siècle, la *Cuisine du Haut-Rhin*, autre succès de librairie, écrit cette fois par une femme, l'épouse du pasteur Sporlein, détaille la préparation de ces nouilles d'Alsace : après avoir travaillé la pâte, composée de farine, de sel et d'œufs battus jusqu'à obtention d'une mousse, il faut étaler celle-ci au rouleau en « feuilles aussi minces que possible ». Il convient ensuite de la laisser sécher et, avant qu'elle ne devienne trop dure, de la replier huit ou dix fois, puis de la couper en fines lamelles, à cuire et à déguster sur-le-champ.
Cette fabrication domestique est relayée au XIXe siècle par une fabrication artisanale, assurée par les boulangers d'Alsace, puis par une production manufacturière. La première fabrique de pâtes alsaciennes est fondée en 1840 par Frédéric Scheurer à Logelbach. Le phénomène s'accélère à la fin du siècle, quand l'Alsace intègre l'Allemagne, après la guerre de 1870. Dopée par le marché allemand, amateur de pâtes aux œufs, l'industrie alsacienne se développe grâce à l'esprit d'entreprise de meuniers, de boulangers ou de biscuitiers prêts à tenter la fabrication à grande échelle : ainsi apparaissent les sociétés Thirion, Gapal, Valfleuri ou Heimburger. Dans l'Hexagone, les Alsaciens qui ont quitté leur

RETOUR À LA TRADITION

En Italie, le regain d'intérêt des fabricants pour les techniques anciennes renouvelle l'offre commerciale. Dans les Abruzzes, Gianluigi Peduzzi prépare ses pâtes avec de l'eau de source et de la semoule de blé dur moulu à la meule de pierre. Il emploie des moules en bronze, dont certains datent du XIXe siècle, et fait sécher ses pâtes pendant cinquante-six heures à l'air, ce qui permet d'obtenir des pâtes d'une densité exceptionnelle. Certaines pâtes sont façonnées à la main, comme les *cavatelli*, les *cencioni*, les *orecchiette*, les *strozzapreti* ou les *trofie*. Vendues sous la marque Rustichella d'Abruzzo par la société Manicaretti, elles coexistent au catalogue avec des pâtes géantes, *conchiglioni* ou *fusilli con buco*, deux fois plus longues qu'un spaghetti et trouées sur toute leur longueur. Sous ce label se vendent aussi des pâtes d'épeautre (*pasta de farro*), plus fragiles à la cuisson.

« MOULE EN BRONZE »
Cette mention, qui apparaît sur certains paquets de marques haut de gamme, signifie que les pâtes sont extrudées par des moules traditionnels et non par des moules en téflon, dont l'usage s'est répandu au XXe siècle. Sur le téflon, la pâte glisse facilement. Au contraire, elle progresse difficilement dans un moule en bronze, auquel elle adhère et qu'il faut nettoyer fréquemment. Le bronze râpe les pâtes, qui sortent du moule un peu rugueuses et plus blanches, un aspect rustique recherché par les amateurs d'authenticité : ces derniers apprécient en effet les surfaces rabotées, auxquelles s'accroche la sauce.

terre pour rester en France contribuent à faire connaître et apprécier leurs spécialités de pâtes. Lorsque l'Alsace redevient française, à la fin de la guerre de 14-18, certaines tâches restent manuelles dans les usines : casser les œufs, décharger les sacs de semoule originaire d'Afrique du Nord ou les verser dans le pétrin. Dans cet atelier, décrit par Catherine Malaval et Roland Oberlé, auteurs d'une *Histoire des pâtes d'Alsace* (1996), on travaille encore comme en 1910. À cette date, la pâte laminée et plissée en accordéon est guidée jusqu'à la machine à débiter les lacets. Deux cylindres découpent les nouilles, qui « tombaient en rideau sur un châssis de bois tendu de jute. Une ouvrière était chargée de donner un mouvement de va-et-vient au châssis afin que les nouilles soient finalement pliées sous forme de "flotte". Cette tâche était en général réservée à une femme de petite taille, car il fallait regarder les nouilles descendre sous la découpeuse, et par conséquent être pliée en deux toute la journée. »

À l'usine : des millions de tonnes

Durant l'entre-deux-guerres, au sein des usines sans cesse modernisées, des postes demeurent pourtant entièrement manuels, tel l'empaquetage. Une ouvrière entrée à l'âge de treize ans à l'usine de pâtes de Saint-Étienne-de-Cuines, en Savoie, en 1924, témoigne dans un livre sur les pâtes Bozon-Verduraz écrit par Bernadette Loschi (1995). La vieille Savoyarde raconte : « Dans l'atelier, on était rangées les anciennes d'un côté et les jeunes de l'autre. On travaillait par deux. On nous apportait les pâtes. On les pesait sur une balance, puis on les mettait en paquets et on collait les étiquettes » avec une colle faite à l'usine, à partir de farine cuite.
Tout change après la Seconde Guerre mondiale. Si le XIXe siècle se caractérise par la multiplication et la modernisation des manufactures, tant en Italie que dans le reste de l'Europe et en Amérique du Nord, le XXe siècle, à partir des années cinquante, correspond à la naissance d'usines de pâtes extrêmement modernes et de groupes industriels dotés de moyens financiers inédits. L'échelonnement du travail demeure identique à celui de la fabrique dans les unités de production des Trente Glorieuses, mais les moyens énergétiques et techniques mis en œuvre sont décuplés. L'électricité remplace la vapeur, les appareils sont alors motorisés. La main-d'œuvre décroît de manière vertigineuse, la productivité augmente, et les quantités fabriquées ne se comptent plus en dizaines de quintaux, mais en centaines de milliers de tonnes.
À la fin du XXe siècle, la concentration, généralisée dans l'industrie, n'épargne pas le secteur pastier. Les entreprises procèdent à des fusions-acquisitions et constituent d'énormes groupes, définis par une puissance de production et de vente inégalée auparavant, partout sur la planète. Dix millions et demi de tonnes de pâtes sèches de blé dur sont désormais fabriquées dans le monde chaque année, dont 40 % dans l'Union européenne, 23 % en Amérique du Sud, 16 % dans les pays d'Europe hors de l'Union, 13 % en Amérique du Nord, 5 % en Afrique du Nord et 3 % en Asie. Le leader incontesté du secteur demeure l'Italie, avec une production annuelle de plus de trois millions de tonnes et la présence sur son sol du numéro un mondial, Barilla. Au classement des pays producteurs de pâtes sèches, l'Italie est suivie, de loin, par les États-Unis (1,165 million de tonnes), le Brésil (1 million de tonnes) et la Russie (858 500 tonnes).
Les blés sont transformés dans les pays producteurs de céréales ou sur le lieu de la pastification ; les industriels des pâtes peuvent ainsi préparer le type de semoule dont ils ont exactement besoin. Rappelons que la semoulerie s'occupe de nettoyer les blés, puis de les préparer en assouplissant l'enveloppe par hydratation du grain, enfin de fabriquer la semoule proprement dite par mouture, blutage et sassage. Lors de la mouture, l'amande est dissociée de l'enveloppe grâce à des appareils cylindriques remplaçant les meules d'autrefois. Le blutage consiste à trier les produits issus de la mouture selon leur dimension, et le sassage à purifier les semoules en les passant au tamis ou en éliminant les particules plus légères par un courant ascendant. Cette étape du sassage n'existe pas en meunerie, métier pourtant toujours voisin de la semoulerie. Les installations des semouliers ressemblent énormément à celles des meuniers et s'apparentent à une tubulure géante, raccordée à des machines bruyantes servant à laver, à séparer, à aspirer, à brosser, à broyer, à cisailler, à écraser, à calibrer, à aspirer. Deux types de produits sortent des machines au terme de ces traitements successifs : une semoule destinée à la cuisine (couscous, potages ou gâteaux) et une semoule qui servira aux pâtes alimentaires, où l'on distingue une qualité inférieure et une qualité supérieure, cette dernière ayant la faveur des fabricants de pâtes.
À l'intérieur des usines ultramodernes, les pâtes se préparent en trois étapes (préparation et pétrissage

DE HAUT EN BAS ET DE GAUCHE À DROITE : FUSILLI, TORTIGLIONI, PIPE RIGATE, CANNELLONIS, SPAGHETTIS, COQUILLETTES, CASTELLANE, VERMICELLES, MACARONIS, TAGLIATELLES, PENNE RIGATE, LASAGNES.

de la pâte, mise en forme et séchage), comme au temps de Malouin, mais les machines mises en œuvre sont commandées par informatique, et le cycle de fabrication est complètement automatisé. Le pétrissage de la pâte, qui s'effectuait auparavant à l'aide d'une meule, est réalisé dans une mélangeuse dotée d'hélices rotatives. L'eau est ajoutée peu à peu à la semoule jusqu'à obtention d'une pâte homogène, éventuellement additionnée de jus de légumes, d'œufs, de lait ou d'aromates, dosés par des automates. Le mélange transite ensuite dans une presse continue, qui poursuit le pétrissage en exerçant une pression destinée à aplatir la pâte.
Des appareils élaborés effectuent le mélange et le pétrissage ainsi que la mise en forme des pâtes. D'un côté entre la matière pétrie, de l'autre sortent les pâtes tréfilées, poussées par une presse à travers une filière. Les presses verticales servent ordinairement à la réalisation des pâtes longues, et les presses horizontales à celle des pâtes courtes. À la sortie de la filière, les pâtes sont tranchées par un couteau tournant, solidaire du moule, dont la vitesse de rotation est définie par la longueur de la pâte désirée : coquillette, macaroni ou torsade. En revanche, les spaghettis ne sont coupés à leur dimension définitive qu'après avoir séché. Ils mesurent encore un mètre quand ils sont dirigés vers les séchoirs, suspendus à des cannes horizontales et formant alors un immense rideau de pâtes.
Les pâtes tréfilées (ou pressées) diffèrent des pâtes laminées, qui passent entre deux gros rouleaux appelés « laminoirs » avant d'être découpées ou estampées à l'emporte-pièce. Les papillons appartiennent à cette seconde catégorie : ils sont façonnés par une machine joliment dénommée « papillonneuse », procédant à l'estampage. La troisième étape du processus, le séchage, s'effectue par chauffage ou ventilation et vise à éliminer des pâtes l'eau qu'elles contiennent naturellement ou qui a été ajoutée lors du pétrissage.
Le conditionnement est entièrement automatisé : les pâtes sont pesées, ensachées ou empaquetées, puis emballées dans des cartons d'expédition, empilés sur des palettes par des automates. Elles sont acheminées par camions vers les lieux de distribution ou vers les usines fabriquant des plats tout prêts, en conserve ou surgelés. Avant de quitter l'usine, les pâtes subissent divers contrôles qualité. L'examen des paquets avant expédition est le dernier acte d'une série de vérifications, qui débute par l'analyse de l'eau et des céréales réceptionnées par l'établissement.

Pâtes fraîches et pâtes instantanées, nouvautés manufacturées

L'industrie pastière, dont l'aptitude à innover étonne si l'on considère l'extrême simplicité de ses produits, se déploie dans deux domaines originaux depuis une cinquantaine d'années : les pâtes fraîches et les pâtes instantanées. Au début des années soixante, la mise au point d'un procédé de conservation des pâtes fraîches, dont la confection restait jusque-là l'apanage des foyers et des échoppes artisanales, a permis l'émergence de ce secteur d'activité, rattaché, en France, à l'industrie des plats préparés et non à celle de l'industrie pastière.
C'est l'adaptation du procédé de la pasteurisation par le fabricant vénitien Voltan qui permet la fabrication industrielle des pâtes fraîches et leur diffusion par l'intermédiaire de la grande distribution. Dans les années quatre-vingt, la société italienne Rana conçoit la fabrication sous vide et devient leader mondial des pâtes fraîches, dont les ventes s'élèvent de manière considérable au tournant du XXIe siècle.
Dans les usines de pâtes fraîches, la fabrication démarre par la préparation de la pâte, à base de semoule, d'eau et d'œufs, et se poursuit par le laminage et le façonnage, comme pour les pâtes sèches. Les procédés diffèrent quand les pâtes fraîches sont soumises à la pasteurisation et au refroidissement avant d'être pesées, conditionnées et expédiées.

PROCESS DES *RAMEN* INSTANTANÉS

La première étape consiste à fabriquer les nouilles crues : mélanger le blé à l'eau et au *kansui*, produit végétal alcalin qui donnera souplesse et saveur au produit final, ainsi qu'une teinte jaune ; pétrir la pâte pendant quinze à vingt minutes ; écraser la pâte, puis l'étirer pour obtenir des feuilles de dix millimètres d'épaisseur ; couper les nouilles à l'aide de lames rotatives. Les *ramen*, à la silhouette sinueuse, sont ensuite dirigés vers la partie de l'usine où ils seront cuisinés. Cette deuxième étape de la préparation débute par la cuisson à la vapeur, qui dure de une à cinq minutes, ce qui permet de gélatiniser les nouilles et de leur conférer non seulement une meilleure texture mais aussi une plus grande digestibilité. Ensuite, les pâtes sont mises en forme de manière à s'adapter à leur conditionnement final, en sachet ou en bol, puis elles sont déshydratées. Deux traitements sont possibles à ce stade : la friture ou la dessiccation à l'air chaud. Enfin, les pâtes sont refroidies, empaquetées et expédiées.

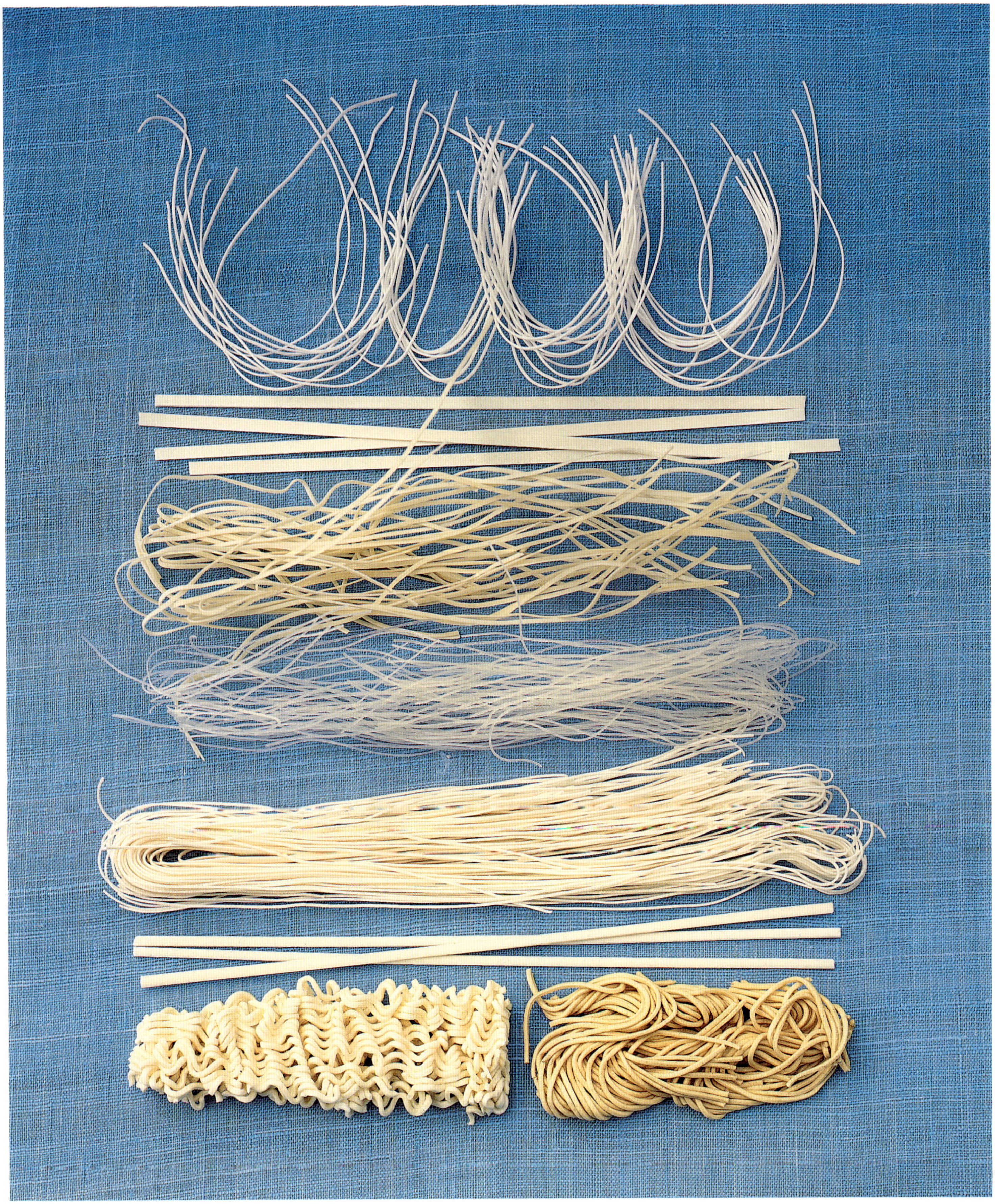

DE HAUT EN BAS : *SOMEN* ET TAGLIATELLES DE BLÉ, VERMICELLES DE RIZ, NOUILLES DE SOJA, *SOMEN*, PÂTES INSTANTANÉES ET NOUILLES AUX ŒUFS.

DÉCOUPAGE À LA MAIN DES RAVIOLIS.

Pour les pâtes fourrées, par exemple les raviolis, une ligne de production de farce fonctionne parallèlement et rejoint celle de la pâte au moment de la mise en forme.

L'histoire des pâtes instantanées débute, quant à elle, au Japon le 25 août 1958, lorsque Andô Momofuku invente cette préparation vouée à la victoire. À la fin de la Seconde Guerre mondiale, le Japon est confronté à de graves problèmes d'approvisionnement, que les Américains tentent de résoudre en livrant du blé au pays. Ce contexte particulièrement difficile donne à Andô Momofuku l'idée d'employer le blé sous la forme de nouilles, plus exactement de *ramen*, ces pâtes de blé chinoises introduites au Japon au début du XXe siècle. « J'ai réalisé que, si l'on transformait le blé en nouilles, on pouvait donner aux gens un repas complet, car le bol de nouilles offre l'un des meilleurs équilibres nutritionnels si vous y ajoutez d'autres ingrédients », explique Andô Momofuku, qui tâtonne longtemps avant de réussir la mise au point de son procédé. C'est en observant sa femme préparant des beignets (tempuras) que le futur président de la Nissin Food Products Co trouve la solution : recourir à la friture pour créer de minuscules trous dans les pâtes, qui, arrosées d'eau bouillante, retrouveront toute leur onctuosité grâce à ces minuscules perforations.

Les premières nouilles instantanées sont des *ramen* au poulet, vendus en sachets. La réussite est phénoménale : les magasins sont dévalisés en vingt-quatre heures ! Aujourd'hui, soixante-cinq milliards de rations de nouilles instantanées sont mangées dans le monde chaque année, dans plus de quatre-vingts pays. Le conditionnement en bols apparaît au début des années soixante-dix. Les parfums se multiplient, et le produit commence à se répandre sur la planète. Il n'y a plus seulement des *ramen* instantanés, mais des *soba* (pâtes au sarrasin), des *yakisoba* (pâtes sautées) et des *udon* (nouilles épaisses). L'expression « *instant ramen* » demeure pourtant employée pour désigner toutes ces productions : elle devient générique. Les nouilles instantanées sont préparées d'après des recettes chinoises, coréennes, vietnamiennes, thaïlandaises, indonésiennes ou malaises. En Indonésie et en Malaisie, pays majoritairement musulmans, les préparations respectent les obligations de l'alimentation halal. Au cours des années quatre-vingt, apparaissent sur les rayonnages des nouilles instantanées dites « gourmet », puis, au tournant du XXIe siècle, les *ramen* frais industriels.

FAÇONNAGE MANUEL DES ORECCHIETTE EN ITALIE DE NOS JOURS.

Un art à double sens

La puissante industrie pastière cohabite avec une activité manuelle toujours vivace de nos jours, à la maison, chez les artisans spécialisés ou encore dans les cuisines des restaurants gastronomiques. Si le *Guide culinaire* d'Escoffier (1912) note qu'on peut aussi bien préparer les pâtes à la maison que les acheter dans le commerce sans constater de différence entre ces produits, l'Académie des gastronomes, rassemblement convivial fondé pour défendre la bonne chère par le célèbre Maurice Edmond Sailland, dit Curnonsky (1872-1956), exprime une position plus nuancée. Dans les pages de son *Dictionnaire*, publié en 1962, seule la mention « honorable » est appliquée aux nouilles industrielles. Pour ces gastronomes lexicographes, mieux vaut « confectionner à domicile ou acheter des nouilles fraîches ».

Trois ans plus tard, un grand chef français assure pourtant que « l'industrie alimentaire a fait, de par l'extraordinaire technique moderne et grâce aux sélections rigoureuses de blés durs, de considérables progrès. Les semoules de blé dur confèrent aux pâtes industrielles une qualité telle que l'on peut parler de perfection. » Ce constat, Raymond Oliver (1909-1990) l'ose dans un opuscule savoureusement intitulé *Célébration de la nouille* (1965), où il révèle sa passion des pâtes, avec quelques recettes.

En 1996, Marc Haeberlin, restaurateur alsacien établi à Illhaeusern, emboîte le pas à Raymond Oliver dans ce diagnostic. Évoquant son enfance passée dans l'auberge familiale, où les pâtes de sa grand-mère Marthe, posées sur des torchons, séchaient un peu partout, Marc Haeberlin constate que les produits sortis des usines régionales n'abaissent pas du tout la qualité de la tradition pastière alsacienne. Il s'étonne même de l'exceptionnelle saveur de ces pâtes industrielles et loue leur stabilité.

Parmi les pâtes alimentaires alsaciennes, on distingue les Nüdles, étalées au rouleau, coupées en lacets et séchées sur des linges, et les Spätzles, façonnés au moment du repas. Ces pâtes « immédiates », mangées aussitôt cuites, s'apparentent aux nouilles qui, en Chine, chutent dans l'eau bouillante après avoir franchi un tamis où elles prennent la forme d'un filament. Ces pâtes ultrafraîches sont dégustées dès la fin de la cuisson. La préparation des « pâtes étirées » (*lamian* ou *shenmian*) est sans doute la plus spectaculaire de la cuisine chinoise. Elle exige une telle adresse que seuls les experts s'y aventurent. À la vue de ses clients, le restaurateur étire un pâton, qu'il plie, étire et replie jusqu'à l'obtention de

LA PETITE MUSIQUE DES MACARONIS

Quand il coupe les macaronis, le bon fabricant devient un musicien, prétend l'écrivain italien Giovanni Comisso (1895-1969). Le *pastaio* joue de son couteau et de sa pâte comme d'un instrument à cordes, et son geste régulier produit une harmonieuse mélodie. Mais si la pâte est trop sèche ou trop humide, les notes se faussent et le macaroni se retrouve désaccordé…

CHEF ÉTIRANT LES NOUILLES À LA MAIN PAR PLIAGE ET REPLIAGE DU PÂTON SUR UN STAND EN FACE DU MONASTÈRE DE SHAOLIN, EN CHINE.

FEMME FILANT DES NOUILLES DE RIZ AVEC L'EAU DE LA RIVIÈRE DANS LA PROVINCE DU YUNNAN, EN CHINE.

[Le cuisinier] faisait dans l'huile
frire les oignons,
Filtrait dans la soie l'infusion
de thé,
D'une plume légère balayait la
farine,
Pétrissait la pâte à bonne
consistance
Puis l'étirait dans l'eau
En longs fils
Blancs comme la soie d'automne.

Par cette gracieuse description, le poète chinois Hong Junju, qui vécut entre le IIe et le IVe siècle, nous livre l'un des plus anciens et des plus élégants témoignages sur la confection des pâtes. Il nous montre ainsi le chef Cui en train de préparer des « *bing* à l'infusion de thé », nouilles filées dans l'eau.

plusieurs dizaines de filaments, aussitôt plongés dans le bouillon. « Plus on pousse l'exercice, alternant pliage et étirement, plus on multiplie le nombre de filaments de pâte et plus ceux-ci deviennent fins, explique Françoise Sabban. Au bout de douze opérations, le cuisinier tient entre les mains un écheveau impressionnant de quatre mille quatre-vingt-seize fils d'une incroyable finesse. »

Dans les maisons et les restaurants d'Asie, les cuisiniers exécutent depuis des centaines d'années les mêmes gestes pour préparer les pâtes ou les raviolis. Immortalisée par le beau film taiwanais *Salé Sucré* d'Ang Lee (1994), cette gestuelle se déployait autrefois sous les yeux des lettrés gourmets, tel Shu Xi, qui assista au IIIe siècle à la préparation des *laowan*, ces délicieux raviolis dont la Chine contemporaine demeure friande :

Farine deux fois tamisée
Neige blanche en poussière envolée
Avec du bouillon ou de l'eau, elle est malaxée
En une pâte élastique et collante
Jusqu'à ce qu'elle soit brillante.
Pour la farce, travers de porc, épaule de mouton
De graisse et de chair autant
Coupées en petites sections
Perles de colliers ou cailloux semés,
Racine de gingembre et bulbe d'oignon
En une épaisse julienne tranchés et coupés,
Cannelle piquante broyée
D'origan aquatique et de clavalier [poivre]
saupoudré
Mélangés avec sel et condiment
En une masse intimement.
Puis, sur le feu, l'eau est mise à bouillir
Le temps que la vapeur s'élève
On retrousse son habit, ses manches on relève
Et l'on pétrit, et l'on façonne, et l'on caresse, et
l'on tire.
La pâte quitte le bout des mains
Sous la paume, elle roule aux quatre coins,
Fusent dans le feu de l'action
Les étoiles accueillant une pluie de grêlons.
Pas de farce éclaboussée dans le panier,
Sur les *bing* pas de farine éparpillée.
Finesse et beauté de leurs lèvres entrouvertes
Sans se rompre, la pâte est fine
[...] en son gonflement la farce se devine,
Elle est tendre comme bourre de soie au
printemps
Blanche à l'automne comme la soie cuite en son
temps...

En Chine, les usines ont éclos, au XXe siècle, sans avoir été précédées par le stade intermédiaire préindustriel de la fabrique. Désormais, les pâtes fraîches préparées à la main coexistent avec une énorme production industrielle. Pareillement, au Japon, berceau des *noodle cups* fabriquées en série, les restaurants de *ramen* confectionnent chaque jour des nouilles artisanales qu'ils serviront à leurs clients. Chaque établissement garde jalousement sa recette, car c'est elle qui garantit sa réussite commerciale. Les *ramen* sont aussi disponibles, on l'a vu, en version instantanée dans les supermarchés. Manger ceux-ci signifie-t-il qu'on délaissera ceux-là ? L'amour des uns anéantirait-il le goût pour les autres ? Au contraire, la variété de pâtes existant permet d'aimer les unes sans renoncer aux autres, et chacun peut vivre, sans remords, sa passion protéiforme en restant fidèle à une entité unique : la pâte, appréciée dans et pour sa multiplicité. Pâtes fraîches, sèches, immédiates, en conserve... Concurrentes ? Plutôt cousines. Chaque pâte correspond à une envie, à un moment, à une attente ou à une tradition... L'amour des pâtes est polygame, délicieusement, et sans risque de repentir !

3
Manger des pâtes

Les pâtes excellent à retourner leur veste : en tenue sport ou en habit de soirée, elles accompagnent les repas les plus simples aussi bien que les festins. Cette ambivalence intrinsèque signe leur extraordinaire adaptabilité, qui les rend indispensables voire obligatoires à notre alimentation, un statut progressivement acquis depuis l'époque médiévale.

Le bonheur des dimanches et des jours de carême au Moyen Âge

Dans l'Espagne et l'Italie moyenâgeuses, le prix des pâtes interdit leur consommation quotidienne. Leur coût les place dans la catégorie des aliments occasionnels, et non des vivres de base. Le médiéviste Bruno Laurioux relève qu'à Valence, en Espagne, les employés d'une compagnie commerciale ne consomment des vermicelles que le dimanche et les jours où ils reçoivent la visite de quelque personnage important. Ces restrictions découlent probablement du coût de ces *fidehis* : cinq cents grammes de vermicelles valent en effet le prix d'un kilo de viande !

Dans le reste de l'Europe, la part des pâtes au menu semble encore plus négligeable, même si elles sont mentionnées dans plusieurs livres de cuisine, tel ce *Forme of Cury*, recueil de recettes anglaises rédigées sur un parchemin à la fin du XIVe siècle. Le texte indique la façon de préparer les *rauioles* (raviolis) fermés *as turteletes*, « comme des tartelettes » ou encore « comme de petites tortues », le mot ayant ce double sens. En dessous apparaissent les indications nécessaires à la confection des *makerouns*. Le mot, dérivé de macaronis, désigne ici des tubes de pâte pleins et non creux. Le manuscrit signale, par ailleurs, la recette des *losyns* (lasagnes), aplatis au rouleau en feuilles fines « comme du papier » et qu'on superpose avec du fromage, une préparation directement inspirée d'une recette italienne. Les pâtes n'occupent pas une place particulière dans l'ordonnance du service de table et n'appartiennent pas encore à une catégorie de mets dans laquelle elles seraient rassemblées. Leur identification en tant que groupe alimentaire n'interviendra qu'entre le XIVe et le XVIe siècle. Ensuite seulement les pâtes seront reconnues comme telles.

Jusqu'au XVIe siècle en Italie, le repas populaire se compose de pain, de soupe, de légumes et éventuellement, les jours gras, de viande ou de charcuterie. La place des pâtes reste minoritaire, à l'exception des jours de carême. À la fois nourrissantes et « maigres », elles obéissent en effet aux obligations du calendrier liturgique. Nourriture d'abstinence, ou encore de conserve et de pénurie, les pâtes connaissent pourtant, dès les origines, des avatars plus somptueux.

Elles sont très tôt associées à la fête et à l'exception à cause de leur relative cherté. En Sicile, vers 1550, les macaronis et les lasagnes valent encore trois fois le prix du pain ; lorsqu'elles sont servies sans mesure, les pâtes signalent la richesse d'une famille ou d'une région. Les pâtes sèches ne sont toutefois ni assez chères ni assez raffinées pour être considérées

DANS LA CAMPAGNE ITALIENNE, LES PÂTES SONT FAÇONNÉES ET OFFERTES AUX HÔTES DE PASSAGE EN SOUHAIT DE BIENVENUE.

comme aliments de marque dans l'Italie médiévale : leur caractère « préfabriqué » les dévalue considérablement aux yeux des grands, et les chefs des maisons aristocratiques, quand ils servent des pâtes, ne connaissant que les pâtes fraîches qu'ils préparent eux-mêmes et accommodent en timbales avec du fromage et de la viande.

À Bengodi, l'eldorado décrit par Boccace (1313-1375) dans le *Décaméron*, la nourriture abonde, les vignes sont attachées avec des saucisses. Au milieu de ce paradis nourricier, Boccace érige « une montagne toute de fromage de parmesan râpé, sur laquelle les gens s'affairaient à fabriquer des macaronis et des raviolis. Ils les faisaient cuire en bouillon de chapon, puis les faisaient rouler au bas de la montagne ; plus on en ramassait, plus on en avait. » Les « macaronis » de Boccace diffèrent de ceux que l'on connaît aujourd'hui, et désignent en fait les gnocchis actuels. Cette précision apportée, on retiendra cette évocation des pâtes comme métaphore de la profusion, consignant à quel point elles étaient aimées.

Dès le début de leur histoire, aussi bien en Chine qu'en Italie, les pâtes sont les alliées et le moyen de la gourmandise. Certains amateurs les célèbrent avec délicatesse, d'autres bâfrent, tel Noddo d'Andrea, attablé avec Giovanni Cascio à l'intérieur d'une auberge florentine dans une scène décrite par un disciple de Boccace, l'Italien Franco Sacchetti (vers 1332-vers 1400), dans sa nouvelle *Il Trecentonovelle*. Lorsque le plat de macaronis bouillants arrive sur la table, Cascio regrette d'avoir à partager son tailloir avec ce Noddo d'Andrea, réputé gros mangeur. Et la réalité dépasse ses craintes ! Noddo d'Andrea « avait déjà descendu six bouchées que Giovanni tenait encore sur la fourchette la première bouchée et, la voyant dégager tant de fumée, n'osait l'approcher de sa bouche ».

BANQUET DU *DÉCAMERON* DE BOCCACE, QUI RÊVE D'UN PAYS DE COCAGNE OÙ LES PÂTES ROULENT SUR UNE COLLINE DE PARMESAN APRÈS AVOIR ÉTÉ CUITES DANS UN BOUILLON DE VIANDE.

Banalisation de la *pasta* à la Renaissance

L'apparition et la diffusion de la fourchette en Italie seraient la réponse ergonomique à l'importance croissante des pâtes dans l'alimentation, même si les Napolitains mangent habilement de longues pâtes avec la main, une curiosité qu'aiment à relever les étrangers de passage. Les pâtes se banalisent au cours du XVIIe siècle grâce aux progrès de la fabrication, facilitée par l'emploi de la presse. Les prix baissent tandis que la croissance urbaine stimule la production, les pâtes constituant un stock de céréales qui contrebalance efficacement de possibles difficultés d'approvisionnement.

Au XVIIIe siècle, à Naples, la « démocratisation » des macaronis est pleinement réalisée, constate l'historien Silvano Serventi, ce que confirme le témoignage de Goethe (1749-1832) lors d'un voyage en Italie. L'écrivain allemand note en 1787dans son carnet de voyage que les macaronis « peuvent être achetés partout pour une très modique somme d'argent ». Pulcinella, personnage de la commedia dell'arte, ce théâtre d'improvisation florissant au XVIIe siècle, illustre cette évolution : il affirme qu'il renoncera à son trône après qu'on lui eut refusé un plat de macaronis sous prétexte que ce mets trop populaire ne s'accordait plus avec son nouveau statut de prince !

Cette vulgarité du macaroni explique la qualification d'un genre littéraire apparu à la Renaissance, la littérature macaronique ; celle-ci mélange avec bonheur latin savant, langue commune et dialectes dans des parodies grotesques, et doit son nom au poème du Padouan Michele di Bartholomeo degli Odasi, dit Tifi Odasi, intitulé *Maccharonea*. Ce texte de

UNE IMAGE D'ÉPINAL À L'ITALIENNE : LE VENDEUR DE MACARONIS ENTOURÉ DE SES CLIENTS MANGEANT LES PÂTES AVEC LEURS DOIGTS.

sept cents hexamètres, composé vers 1490, invente un style dans lequel excellera le Mantouan Teofilo Folengo (1491-1544). Auteur de *Baldus*, poème épique qui inspirera Rabelais, son contemporain, Folengo affirme que le nom de ce nouvel art poétique dérive de cette nourriture de paysans que sont les macaronis accommodés au fromage et au beurre, et, pour cette raison, « le parler macaronique doit contenir des choses grossières et des paroles rudes ».

Triomphe des pâtes dans l'Italie unifiée

La réputation des Siciliens mangeurs de pâtes se déplace, et les Napolitains endossent cette image caricaturale, que les étrangers relaient amplement. Ainsi, Alexandre Dumas (1802-1870) note dans son *Grand Dictionnaire de cuisine*, publié après sa mort, en 1872, que « les lazzaroni napolitains ne vivent guère que de macaronis, de figues, d'ail et d'eau glacée ». Les macaronis deviennent peu à peu le fondement de l'alimentation napolitaine, et le synonyme de l'Italie du Sud. En 1860, lorsque le royaume de Naples est annexé au Piémont, Cavour affirme « Les macaronis sont cuits et nous les mangerons », tant en référence aux Napolitains nouveaux venus dans la Couronne qu'au gigantesque festin de pâtes (*mangiapasta*) organisé à l'occasion. Chez les plus pauvres, l'assiette de pâtes tient souvent lieu de repas, en soupe (*brodo*) ou en sauce (*pasta asciutta*). Les ouvriers travaillant aux champs ou à l'usine puisent dans cette préparation économique les forces nécessaires à leur longue journée de travail. Dans les familles aisées, les pâtes ouvrent le repas, où elles constituent le premier plat, le *primo*, dès le XIXe siècle. Cette place inaugurale dans le menu se confirme au siècle suivant. Dès lors, les pâtes ne remplissent plus un rôle d'escorte auprès de plats plus nobles, elles sont mangées et appréciées pour elles-mêmes.
Bientôt, ce n'est plus seulement l'Italie du Sud mais toute l'Italie qui mange des pâtes, et se trouve définie par ce stéréotype alimentaire hors de ses frontières. À la fin du XVIIIe siècle déjà, le dramaturge Goldoni, invité à déjeuner lors d'un séjour à Paris, entend l'un des convives adresser ce reproche à leur hôtesse : « Vous donnez du potage à un Italien ? Mais les Italiens ne mangent que des macaronis, macaronis, macaronis. »
Au milieu du XXe siècle, les pâtes ont pris une si grande place dans la cuisine italienne familiale, copieuse et consistante, que le poète Marinetti (1876-1944), fondateur et chef de file du futurisme, les rejette avec brutalité, au nom de la vitesse et de la poésie. « Les macaronis, pouah ! », s'écrie-t-il dans sa *Cuisine futuriste* (1932), qui privilégie les mets légers, rapides, aérodynamiques. Le régime futuriste prétend nourrir l'homme nouveau, engendré par les découvertes scientifiques et le développement industriel, et dont le fascisme permettra l'épanouissement. À homme neuf, cuisine rénovée, dynamique, « aéropoétique », « polyrythmique » : « La cuisine futuriste, libérée de la vieille obsession du volume et du poids, aura d'abord pour principe l'abolition des pâtes », édicte Marinetti, traumatisé par les pâtes immondes servies aux soldats, dont il était, pendant la Grande Guerre. Les pâtes ne sont pas un aliment de combattant aux yeux de Marinetti, elles sont lourdes, paralysantes, elles « entortillent les Italiens et les entravent comme autrefois les lents fuseaux de Pénélope ou les voiliers somnolents dans l'attente du vent ». Leurs adeptes « les traînent dans l'estomac comme des boulets ou des ruines, tels des forçats et des archéologues ». Les pâtes, enfin, nuiraient à la vivacité d'esprit des Napolitains ! « Et c'est à force d'en manger qu'ils deviennent sceptiques,

UN POINÇON, UNE BIBLE ET DES MACARONIS

Détenu aux Plombs de Venise, Casanova prépare son évasion avec le père Balbi, son complice. Pour parvenir à ses fins, Casanova doit transmettre un long poinçon au moine, détenu dans une autre cellule. L'objet sera caché dans une bible que Casanova fera porter par Laurent, leur geôlier. Pour cela, il enveloppe la pointe dans du papier et la dissimule dans la reliure du livre ; or elle dépasse d'un pouce de chaque côté ! Casanova résout cette difficulté en commandant à son gardien deux plats de macaronis. Il prétend qu'il en mangera un pour fêter la Saint-Michel et qu'il offrira l'autre au père Balbi, avec la bible. Le jour dit, Laurent apporte les pâtes dans un chaudron d'eau bouillonnante et Casanova entreprend de les accommoder. Il chauffe le beurre sur son petit réchaud de prisonnier et garnit deux grands plats de macaronis additionnés de beurre fondu et de parmesan râpé, qu'il saupoudre à l'aide d'une cuillère percée. Il pose l'un des plats, rempli à ras bord de macaronis et de beurre chaud, sur la bible. Certain que Laurent, soucieux de ne pas verser le beurre liquide sur l'ouvrage, ne regardera pas les coins de ce dernier, Casanova confie le tout à son gardien et relate que celui-ci le prend « en se plaignant [qu'il] avait mis trop de beurre et protestant que s'il coulait sur la bible ce ne serait pas sa faute »... Quelques minutes plus tard, le père Balbi tousse trois fois dans sa cellule. À ce signal, Casanova sait que le poinçon, la bible et les macaronis sont bien parvenus à destination !

NAPOLITAIN MANGEUR DE MACARONIS, THÈME RÉCURRENT DE L'ÉCOLE ITALIENNE ET DES PEINTRES ÉTRANGERS DURANT LEUR TRADITIONNEL VOYAGE EN ITALIE.

ironiques et sentimentaux — caractéristique qui souvent freine l'enthousiasme. » Condamnées par les futuristes pour des raisons idéologiques bien difficiles à partager, les pâtes poursuivent leur inexorable conquête de la société italienne. En peu de temps, elles sont partout, et, hors d'Italie, la *pasta* s'érige en symbole de la cuisine italienne, avec la pizza. À travers l'itinéraire de trois amis italiens anciens résistants, itinéraire raconté par le très beau film d'Ettore Scola *Nous nous sommes tant aimés* (1974), on entrevoit l'omniprésence des pâtes en Italie à la fin des sixties : presque toutes les scènes cruciales du film sont assorties d'un plat de pâtes ! Antonio, brancardier, rencontre Luciana, la femme de sa vie, dans la salle commune d'un hôpital où des cannellonis sont distribués aux malades en guise de repas. Mais Antonio présente Luciana à l'un de ses meilleurs amis, Gianni, qui tombe éperdument amoureux de la jeune femme mais à qui il préfère une riche héritière. Au moment de la rupture, orageuse, Luciana lance à la tête de Gianni une assiette remplie de potage aux vermicelles. Éplorée, elle se réfugie ensuite auprès de Nicola, grand ami d'Antonio et de Gianni. Ce professeur provincial, qui a quitté femme et enfant afin de se consacrer à l'écriture, cuisine pour Luciana des spaghettis, un plat qui, selon lui, « console de l'amour, surtout quand il n'est pas là ». Quand, plus tard, Nicola participe à un jeu télévisé, gagne puis perd une somme d'argent phénoménale, il est regardé par des millions de téléspectateurs, dont son riche copain Gianni, en train de manger le *primo* en famille. Les trois amis se retrouvent des années plus tard, vieillis, transformés. Ils dînent au petit restaurant où ils avaient autrefois leurs habitudes et y trinquent avec leurs fourchettes, garnies d'un macaroni et croisées en l'air comme des épées.

Français et Britanniques à l'heure italienne

Avant le début du XXe siècle, en France et en Grande-Bretagne, les pâtes restent rares en dehors des tables des gourmets, qui achètent très cher ces produits. Si le mangeur de macaronis en Italie est un homme du peuple au XVIIIe siècle, à Londres ou à Paris il porte un costume distingué. Les membres de la *gentry* londonienne se retrouvent au Macaroni Club à la fin du XVIIIe siècle, tandis que les gastronomes parisiens se prient mutuellement à des repas fins où les pâtes flanquent les viandes sans jamais être servies seules. Aux yeux des fines gueules de cette époque, la pâte n'est en effet qu'une enveloppe ou un accompagnement, en aucun cas un mets en soi, comme le montre Brillat-Savarin dans l'anecdote intitulée *le Piège* : invité à souper par un banquier à la table réputée, le chevalier de Langeac, gourmet de profession, mange un énorme dindon et un très beau brochet au bleu rehaussé de six entremets, dont un « ample *macaroni* au parmesan ». Bien qu'un peu déçu par cette « chair par trop solide », le chevalier de Langeac fait honneur à ce repas qualifié de « substantiel ». Il ne s'inquiète pas du fait que les

autres convives, ordinairement dotés d'un bon appétit, ne touchent à rien, l'un à cause d'une migraine, l'autre d'un frisson... À la fin du souper, couronné d'un vin de Malaga et d'un morceau de fromage, les domestiques débarrassent, ôtent le linge et l'argenterie... puis remettent le couvert ! Le chevalier, atterré et repu, constate avec dépit que des mets extraordinairement raffinés arrivent sur la table : truffes, brochet farci, ris de veau aux écrevisses, etc. Ses compagnons, qui chipotaient tout à l'heure, se mettent soudainement à manger de bon appétit alors que lui, hélas, n'a plus faim ! Car les pâtes calent, et cette vertu, conjuguée avec leur faible coût, les fait rechercher par les plus pauvres. En France, au tournant du XXe siècle, les pâtes se propagent dans les milieux populaires, où elles se mangent en potage. Jusqu'aux dernières années du siècle, les pâtes demeurent associées à une alimentation paysanne ou ouvrière. En 1980, les sociologues Claude et Christiane Grignon soulignent que les pâtes continuent, en France, à être « sous-consommées par les classes dominantes, et notamment par les cadres supérieurs ». À l'instar des poireaux, des pommes de terre, de la margarine et du pain, les pâtes demeurent prolétariennes, contrairement aux haricots verts ou aux endives, légumes bourgeois

MARCHÉ ITALIEN, PAR JEAN MIEG (1791-1862).

LES SPAGHETTIS DE LA COURONNE

En 1952, la duchesse de Windsor donne un bal à l'hôtel Waldorf Astoria, à New York, au bénéfice des vétérans de la guerre. Au menu de cette soirée sponsorisée par Buitoni : un diadème de spaghettis entourant des champignons cuisinés à la crème, aux oignons, au vin blanc et au jus de citron.

par excellence. Ces consommations résultent de manière directe d'une faiblesse de pouvoir d'achat et de la nécessité de « prendre des forces » en avalant des aliments roboratifs, voire bourratifs, indispensables à l'exercice d'un travail physique ou manuel.
Le caractère prolétarien des pâtes s'atténue à l'approche du XXIe siècle avec la vogue des pâtes fraîches, beaucoup plus chères que les pâtes sèches, un surcoût justifié quand elles sont fabriquées artisanalement mais un peu exagéré quand elles viennent de l'industrie, où elles ne se distinguent de leurs congénères sèches que par une teneur en eau plus élevée. Comme les boulangers français, décidés à rétablir la qualité égarée du pain, affadi par des pétrissages trop longs ou trop vigoureux et par l'emploi de farines médiocres et de levures chimiques, les fabricants de pâtes jouent la carte des saveurs et de la gastronomie. La promotion des pâtes fraîches, liées à une pratique culinaire élaborée, répond à la demande croissante des consommateurs, à la recherche de produits goûteux rétablissant la noblesse déchue des repas, souvent malmenés par les nouveaux rythmes de vie et l'alimentation industrielle. Cet engouement pour les pâtes fraîches a tiré toutes les pâtes, aussi bien sèches qu'humides, vers le sommet de la pyramide sociale. Maintenant, les « cadres sup » passent volontiers le tablier pour faire des pâtes, et plus généralement la cuisine, érigée en loisir. Leur prédilection pour les pâtes fraîches en France et en Angleterre ne doit pas occulter leur intérêt récent pour les pâtes sèches haut de gamme, profilées par des designers à la mode ou mélangées à des produits rares tels que l'algue spiruline ou l'encre de seiche. Quelles que soient leur texture ou leur couleur, ces pâtes de luxe, accommodées de manière subtile, rompent avec leurs consœurs ouvrières, solides et consistantes, qui doivent avant tout rassasier. Ici, se nourrir paraît secondaire au regard du plaisir gastronomique.

AU XIXe SIÈCLE, LE CLICHÉ DES *MANGIAPASTA* NAPOLITAINS CONTINUE À PROSPÉRER SOUS LES YEUX DES PHOTOGRAPHES.

Au palmarès des mangeurs de pâtes

Le niveau de vie d'un pays ne suffit pas à éclairer sa consommation de pâtes : la culture et la tradition semblent déterminantes. Ainsi, on ne sera pas étonné d'apprendre que les Italiens sont les plus gros consommateurs de *pasta* au monde : en 2003, ils ingurgitent vingt-huit kilos de pâtes par personne et par an, alors qu'ils n'en mangeaient que quatorze kilos en 1936. Au regard des statistiques, l'assimilation fréquente de la cuisine italienne avec les pâtes n'est donc pas totalement dénuée de fondement… Au Venezuela, deuxième pays au monde à manger des pâtes sèches italiennes avec une consommation de treize kilos par an et par habitant, la *pasta* revêt cette même personnalité élégante et futile dans les milieux aisés. Les immigrants italiens ont transmis le goût et l'art des pâtes à ce pays latino-américain, ce qui explique en grande partie ce record. La pauvreté est avancée comme étant un autre élément d'interprétation : si la bourgeoisie vénézuélienne déguste couramment des pâtes dans des restaurants italiens aussi branchés que dispendieux, elles restent pour les classes populaires un aliment de masse, un moyen de subsistance. La médaille d'argent que remporte le Venezuela dans le concours international des *mangiapasta* dépend donc autant de la faiblesse des revenus des classes populaires que du contexte historique. Comme d'autres pays

ENSEIGNE LUMINEUSE D'UN RESTAURANT DE SOUPES AUX NOUILLES À BANGKOK, EN THAÏLANDE.

VENDEUSE DE PÂTES EN SAMPAN SUR LA RIVIÈRE THAÏLANDAISE CHAO PHRAYA À BANGKOK.

d'Amérique latine, en particulier le Brésil et l'Argentine, peuplés par une immigration non seulement espagnole mais aussi italienne, le Venezuela aime les pâtes et sait les fabriquer.

En Tunisie, troisième pays plus gros mangeur de pâtes avec onze kilos et sept cents grammes par personne chaque année, le phénomène est similaire. Il dérive de la fusion d'un double héritage, arabe et européen, ce dernier ayant été transmis par les colons italiens de la Tripolitaine. D'un usage courant en Tunisie, la *pasta* se présente sous la forme de tagliatelles préparées à la maison, les *rishta*, et de nouilles industrielles, les *makrûna*. Ces pâtes, à base de semoule et d'eau, ne sont pas accommodées selon les recettes connues en Italie, mais assorties de plats en sauce longuement cuisinés, typiques de la cuisine arabe. Les *rishta* sont cuites dans un ragoût de viande pimenté, tandis que les *makrûna* sont pochées dans l'eau bouillante puis mélangées au jus d'une fricassée de viande parfumée au laurier. Dans les autres pays arabes, la semoule de blé dur, le blé concassé et le riz supplantent largement les pâtes.

En Suisse, carrefour des coutumes italiennes et allemandes, plus de dix kilos de pâtes sont engloutis par personne et par an.

Les Français occupent une position intermédiaire dans ce hit-parade avec sept kilos et quatre cents grammes, entre la Suède (8 kilos) et l'Allemagne (6,3 kilos) ou le Portugal (6,7 kilos). En revanche, les Espagnols avalent seulement cinq kilos de pâtes par an, auxquelles ils préfèrent le riz. En queue de peloton viennent le Danemark, la Finlande, le Panama et l'Égypte, ou encore le Royaume-Uni et l'Irlande, plus focalisés sur la pomme de terre.

Les Asiatiques consomment des pâtes de blé dur depuis peu, et les quantités demeurent si faibles qu'elles ne leur permettent pas d'entrer au box-office des *mangiapasta*. Séduits par cette production exotique pour eux, les Asiatiques veulent non seulement manger des pâtes italiennes, mais aussi en fabriquer ; c'est la raison pour laquelle ils importent des blés durs d'Occident et tentent de les acclimater à leurs sols. Les gourmands d'Extrême-Orient se convertissent à la *pasta*, qui soumettra semble-t-il le monde entier à son empire, sans renoncer néanmoins à leurs nouilles traditionnelles, encore majoritaires dans leur alimentation.

Les pâtes asiatiques sont aussi appréciées en Amérique du Nord, où elles sont fabriquées, vendues et cuisinées par les immigrés originaires d'Extrême-Orient. Cependant, les pâtes italiennes prédominent sur le continent américain, en particulier aux États-Unis. Une forte immigration italienne et une industrie dynamique stimulent l'appétit des Américains, lesquels dévorent neuf kilos de pâtes par an et par personne, alors qu'en 1920 ils en mangeaient moins de deux kilos ! L'activité pastière américaine, fondée par des immigrants venus d'Italie aux XIXe et XXe siècles, prospère rapidement : Antoine Zerega, Pasquale Ippolito, Emanuele Ronzoni, Girolamo Guerrisi, Nicola Porcino, Alfredo Rossi ou Rocco Sarli, fondateur de l'American Beauty Macaroni Company. En soutien à cette production, l'agriculture américaine s'oriente vers le blé dur, dont elle devient l'un des principaux producteurs avec le Canada.

Avec la pizza et quelques plats chinois, l'un des repas favoris des Américains est le *spaghetti dinner*, auquel Giuseppe Prezzolini (1882-1982) a consacré un livre, paru à New York en 1955 et dédié à Giovanni Buitoni. Constatant que nombre d'Américains ignorent sans doute que le mot « spaghetti » procède de l'italien *spago* et signifie « petite ficelle », l'auteur s'enorgueillit de « ce cadeau culturel de l'Italie à l'Amérique », lequel s'impose au cours du XIXe siècle. Les stars d'Hollywood autant que les vedettes italiennes en tournée aux États-Unis contribuent à sa diffusion, tel Caruso, ténor originaire de Naples, qui surveille sa préparation en cuisine dans les grands hôtels et les restaurants où il prend ses repas et régale ses amis.

En bande ou en solo, au camping ou au grand hôtel

Manger des pâtes est donc affaire de culture autant que de commodité. Les pâtes satisfont l'exigence de rapidité, impérative dans les environnements urbains, où les gens n'ont plus le temps de faire la cuisine ni même de manger. Les horaires tendus et les agendas surchargés confèrent aux pâtes des avantages similaires à ceux des conserves ou des surgelés. Toujours en stock, à l'inverse des produits périssables, et rapidement préparées, les pâtes se prêtent aux repas improvisés, par exemple au terme d'une journée de travail, quand les magasins d'alimentation ont déjà baissé le rideau, ou lors d'une visite inattendue. Déjà, au XVIIIe siècle, Casanova pointait ces atouts au cours d'un voyage. Arrivant de nuit dans un relais de poste éloigné de tout, épuisé, mort de faim, il demande à dîner, pour lui et pour sa compagne. « On nous dit qu'il n'y avait rien à manger, mais je me suis moqué de l'hôte : il y avait du beurre, des œufs, des macaronis, du riz, du fromage parmesan, du pain et du bon vin ; et l'animal ne voyait pas que nous avions de quoi faire un excellent repas. »

Auxiliaires de l'impromptu, les pâtes se satisfont de tous les genres d'assemblées. Elles se mangent en famille, parmi les gamins ravis, entre étudiants désargentés ou bien seul, sur un coin de table, devant un journal ou la télé. Versatiles, les pâtes invitent aussi bien au partage qu'à la dégustation en solitaire. Elles sustentent de nombreux convives sans occasionner une trop grosse dépense et incarnent une convivialité bon enfant à l'opposé de la solitude, dont elles sont toutefois fréquemment l'équipage. Ces fidèles compagnes du célibataire, avec les œufs et les boîtes de thon, réservent en effet à des mets plus lents à préparer la jouissance d'un repas à deux ou plus.

L'Œuvre (1886), d'Émile Zola, nous livre l'exemple d'un rata de garçon à base de pâtes. Le lendemain du soir où il a trouvé sur le pas de sa porte la jeune Christine, provinciale égarée dans le grand Paris, Claude Lantier, personnage de peintre inspiré à la fois par Paul Cézanne, par Claude Monet et par Édouard Manet, prépare le petit déjeuner. Brusquement honteux de son habituelle « pâtée » de célibataire, mélange de vermicelles coupés de pain et baignés d'huile « à la mode du Midi », dont les restes barbouillent son unique casserole, il nettoie le

Quand le chien errant de *la Belle et le Clochard* (1955) invite Lady à fouiner dans les poubelles d'un restaurant italien où il a ses habitudes, Tony, chef de l'établissement, l'invite à s'attabler avec sa compagne. Au son de *Bella Note*, chanson d'amour napolitaine, les amoureux de Walt Disney savourent une assiette de spaghettis par les deux bouts et se retrouvent, au terme de ce parcours ondoyant, bouche à bouche, pour un bref baiser...

récipient et confectionne pour son invitée du chocolat, préparation qu'il juge beaucoup « plus distinguée ». Dans sa *Célébration de la nouille*, Raymond Oliver avoue qu'il agrémente d'un plat de pâtes les rares soirées qu'il passe seul. Le chef fait frire des champignons de Paris « très frais, très beaux » dans une poêle, avec moitié de beurre et moitié d'huile d'olive. Quand les champignons ont atteint « une belle coloration », Raymond Oliver leur ajoute des nouilles pochées, puis il verse le tout dans un plat qu'il met au four, avec des œufs disposés sur cet épais matelas de pâtes. Pendant que les œufs cuisent, Raymond Oliver rissole à la poêle un reste de pâtes. Il parsème le plat sorti du four de cette poignée de pâtes frites, croquantes, puis il s'assoit « confortablement avec du beaujolais de l'année ou du bordeaux jeune et fruité. C'est un plat pour célibataire affamé ! » Dans *la Garçonnière* (1960), Billy Wilder propose une version simplifiée de ces nouilles du célibataire : les spaghettis égouttés à travers les mailles d'une raquette de tennis ! Pour cette raison et se tenir prêt au cas où il aurait envie d'un dîner italien, Jack Lemmon range toujours sa raquette dans la cuisine...

Au camping, la pâte apparaît comme l'aliment par excellence : bon marché et facile à préparer, avec une seule casserole où faire bouillir l'eau et mélanger les pâtes à la sauce, après égouttage. Du camping, on peut aussi en faire dans les chambres des grands hôtels, où les stars sont quelquefois saisies

d'une irrépressible envie de pâtes, comme en témoigne la cantatrice Cecilia Bartoli. En tournée à l'étranger, la diva goûte toujours la cuisine locale, mais elle avoue que sa curiosité en matière de cuisine « ne dépasse jamais sept jours ! [...] Après, je me jette sur les meilleures adresses de restaurants italiens », confie la mezzo-soprano interviewée par *le Monde de la musique* en novembre 2001. « Je me souviens d'une tournée à Tokyo où ma mère m'accompagnait. J'ai craqué : "Maman, il faut faire quelque chose !" Nous sommes descendues dans le hall du Hilton pour acheter dans les boutiques ici une casserole, là un réchaud, les spaghettis, l'ail, l'huile d'olive. Et on a fait la *pasta* dans la chambre d'hôtel... Situation fellinienne, non ? »

SOUS LES PROJECTEURS

Le spaghetti est la pâte préférée des Français et des Américains, qui, comme Charlie Chaplin (1889-1977) par exemple, lui donnent des rôles au cinéma. Réduit à la famine dans sa cabane de chercheur d'or, au milieu des neiges, Charlot s'attable devant sa chaussure et en déguste le lacet, enroulé sur sa fourchette, comme s'il s'agissait d'un spaghetti. Dans *les Lumières de la ville* (1931), Chaplin déguste ces pâtes fétiches, qu'il aspire une à une avec un sifflement et avale derechef, sans les mâcher. Charlot et son compagnon d'occasion, un millionnaire qu'il vient de sauver du suicide et qui l'a invité à « faire la bombe avec lui », dînent dans un restaurant chic où les convives lancent des serpentins. L'un de ces rubans de papier atterrit dans l'assiette de Chaplin, qui le mâchonne et se retrouve bientôt contraint de se lever pour continuer à manger ce qu'il prend pour un spaghetti interminable !

HAUTS FONCTIONNAIRES CHINOIS AU XIXe SIÈCLE : EN CHINE, MANGER DES PÂTES POUR COMMENCER LA JOURNÉE EST UNE COUTUME ANCIENNE ET PARTAGÉE PAR TOUTES LES SPHÈRES SOCIALES.

PETITE FILLE MONG MANGEANT UN BOL DE NOUILLES SUR UN MARCHÉ EN CHINE.

Chine, Viêt-nam, Myanmar : des pâtes au petit déjeuner

Au Viêt-nam, la journée commence souvent par un grand bol de nouilles en bouillon, le *pho*, pris dans un snack ou chez des particuliers qui transforment leur maison en restaurant. L'hôtesse accueille ses clients dans le séjour. Elle place dans un grand bol une portion de nouilles de riz, ou de riz mélangé avec de la fécule de manioc, appelée « tapioca ».
Elle parsème les pâtes de persil et de coriandre, ajoute des lamelles de viande et noie le tout dans un bouillon d'os, de crevettes, de nuoc-mâm et de gingembre, gardé au chaud toute la journée. Ce petit déjeuner éminemment énergétique se prend assis sur une chaise d'enfant, parmi les allées et venues des membres de la famille et des autres clients.
Au Myanmar (ex-Birmanie), le petit déjeuner se compose généralement d'un plat de nouilles, qu'on peut aussi avaler au cours de la journée, en guise d'en-cas, entre les repas principaux. La préparation la plus courante est le *mohinga* : c'est une soupe de poisson épaisse, de couleur jaune, servie avec des vermicelles de riz. Chaque convive remplit son bol individuel d'une portion de nouilles et d'une dose de potage. Le tout se mange avec une fourchette et une cuillère, la première servant à garnir la seconde, qui seule est portée à la bouche.
La coutume de manger des pâtes au réveil est ancienne en Chine, où le repas se bâtit à partir de deux classes de mets : le riz, les pâtes ou les pains cuits à la vapeur, considérés comme la nourriture

PÂTES DE RIZ VENDUES CUITES, ENROULÉES DANS UNE FEUILLE DE BANANIER, SUR LE MARCHÉ DE JINGHONG, DANS LA PROVINCE DU YUNNAN, EN CHINE.

principale, ou *fan* ; les préparations de viande, de poisson et de légumes, tenues pour une nourriture secondaire, ou *cai*. Dans les couches populaires, le *fan* constitue l'essentiel du repas car les aliments qui le composent sont peu coûteux. À la cour, l'inverse est de règle, les mets les plus onéreux, comme la viande et le poisson, étant servis en abondance pour signaler la richesse et la profusion de la vie au palais. Ils sont néanmoins toujours accompagnés de riz, de pains ou de nouilles, accommodés dans les cuisines impériales de la manière la plus raffinée. Lorsque Qianlong monte sur le trône, en 1736, les pâtes bouclent l'emploi du temps de la famille impériale, du matin au soir. Cette ronde des nouilles commence au lever. Une fois que l'impératrice a fumé sa pipe, elle reçoit dans ses appartements une vingtaine de soupes, aux vermicelles, aux amandes, au lait de soja ou à la moelle de bœuf. Jusqu'au début du XXe siècle, ce petit déjeuner est présenté « dans une boîte à repas spéciale, que recouvrait une étoffe jaune aux motifs de dragons dans les nuages. Nous l'appelions le paquet », témoigne He Hong Er dans les *Mémoires d'une dame de cour dans la Cité interdite*, écrits par le lettré Jin Yi.

Japon : l'empire des « fast-nouilles »

Les nouilles chinoises appelées *lo mein* se sont acclimatées au Japon, au début du XIXe siècle, sous le nom de *ramen* ; elles sont devenues depuis un plat très populaire, au Japon comme dans le reste de l'Asie, et notamment sous leur forme déshydratée. La diffusion internationale des *ramen* a révélé au monde une facette méconnue de la cuisine japonaise, souvent réduite par méconnaissance aux sushis, aux sashimis et aux tempuras. Certes, les Japonais aiment le riz, mais ils adorent aussi les pâtes, qu'ils consomment quotidiennement. Dans les rues, sur les places

STAND DE *RAMEN* À OSAKA, AU JAPON.

ou dans les gares, de nombreux stands (*yatai*) montés sur roues, quelquefois motorisés et souvent clandestins, vendent des bols de *ramen* ou de *soba*, autre pâte emblématique de la cuisine japonaise, plus épaisse, préparée avec de la farine de blé mélangée avec de la farine de sarrasin (*sobako*). Les « adresses » des stands de *ramen* ou de *soba* s'échangent entre amateurs, et sont plus connues que certains restaurants gastronomiques pourtant réputés. Les nouilles avalées debout au cours de la journée, devant un stand ou à un comptoir de nouilles, sont désignées par les mots *tachigui soba*, *tachigui udon* ou *tachigui ramen*, *gui* signifiant « manger » et *tachi*, « debout ».

S'ils mangent des nouilles au cours de la journée, les Japonais n'en prennent pas au petit déjeuner, contrairement à ce qui se pratique dans d'autres pays asiatiques. Traditionnellement, au lever, les Japonais absorbent plutôt un bol de riz, de la soupe de miso, du poisson grillé et des légumes salés, quand ils ne préfèrent pas prendre un petit déjeuner occidental (thé ou café, lait, pain grillé et yaourt). Aussi bien dans la rue que dans un grand restaurant, l'hôte se doit de produire des bruits de mastication et de succion lorsqu'il mange. C'est la règle pour déguster convenablement les pâtes, qui jouissent des faveurs de publics différenciés. Le *soba* et l'*udon*, au diamètre plus large, s'opposent par exemple en deux conceptions de la nouille ; on peut comparer cela, en Occident, à l'antagonisme existant entre amateurs de café et amateurs de thé. En se rangeant dans l'un ou l'autre camp, les mangeurs de pâtes livrent des informations sur leur origine géographique, leur milieu social ou leur niveau d'éducation. Le *soba*, né dans la grande ville d'Edo, aujourd'hui Tokyo, reste associé à l'univers de la mégapole et à un mode de vie urbain. À Tokyo, le *soba* est roi, alors qu'à Kyoto ou à Osaka l'*udon* est plus apprécié. Le *soba* évoque l'énergie, la vitesse, tandis que l'*udon* dévoile un monde de douceur, de

LES PÂTES DÉMÉNAGENT

Au Japon, quand une famille emménage dans un immeuble, les voisins aident à monter les meubles. Pour les remercier, les nouveaux venus offrent aux résidents un bol de *hikkoshi soba*, *hikkoshi* signifiant « déménagement ». Les *soba* se mangent aussi durant la nuit du nouvel an : ces *toshikoshi soba* sont préparés à la maison ou bien commandés aux restaurants de *soba*, pour lesquels le réveillon représente l'un des plus gros chiffres d'affaires de l'année.

Tampopo, héroïne éponyme du film japonais d'Itami Juzo (1986), tient l'un de ces restaurants, au nombre de quarante mille au Japon. Désireuse d'améliorer la qualité de ses *ramen* afin d'attirer de nouveaux clients, Tampopo (« fleur de pissenlit », en japonais) se rend dans un restaurant réputé avec l'un de ses amis. Alors qu'ils dégustent de délicieux *ramen* cuits au bouillon, ils s'interrogent sur leur confection : « Les nouilles, c'est un savant dosage : les farines à mélanger, le pétrissage, tout est immuable. Pour le velouté, c'est peut-être un coup de rouleau supplémentaire. Ils n'ont rien dû laisser au hasard. » Résolue à découvrir le secret du chef et à se l'approprier, Tampopo interroge celui-ci avec ruse. Prétextant que les *ramen* sont moins bons que d'habitude, elle réussit à glaner ces informations primordiales : pour réussir ses *ramen*, le restaurateur passe trois coups de rouleau sur le pâton, pas un de plus, pas un de moins, il laisse reposer la pâte toute la nuit et mêle à la farine de première qualité une eau de source également réputée.

LE REPAS DES PAYSANNES, REPRÉSENTÉ PAR LE PEINTRE JAPONAIS KIYONAGA TORII (1752-1815), EST APPORTÉ DANS LES RIZIÈRES ET COMPREND DU THÉ ET UN BOL DE NOUILLES.

blancheur et de grâce. C'est lui qui est prescrit aux malades et aux convalescents car il se digère mieux que son rival, plus résistant.

Lié à l'atmosphère impatiente des grandes villes, le *soba* se mange vite, un peu comme la pizza. Les marchands de *soba* quadrillent les rues, transportant dans des paniers les nouilles, qui seront vendues à des citadins pressés ne prenant plus le temps de manger tranquillement. Même dans les restaurants, le *soba* reste un plat rapide, en particulier le *yakisoba*. Dans cette préparation, le client fait griller lui-même les nouilles, pochées en cuisine, sur une grille métallique disposés devant lui. Sur ce barbecue personnel, il les mélange avec du jambon et des légumes. Facile à préparer, le *soba* permet de partager, avec ses parents, ses amis ou ses collègues, un moment chaleureux, comparable aux fondues occidentales. Lors des fêtes estudiantines ou des concerts, les stands de *yakisoba* émaillent le campus. La qualité de ces nouilles est souvent aussi basse que les prix pratiqués, mais la convivialité est incontestablement au rendez-vous.

L'image démocratique et pressée du *soba* ne doit cependant pas occulter sa facette gastronomique. Certains amateurs dépensent des fortunes pour manger des pâtes de haute qualité, préparées par les plus grands chefs japonais. Car le luxe est de mise avec le *soba*, comme pour le sushi, en-cas plébéien d'Edo devenu un mets extrêmement raffiné. En gagnant en sophistication, le *soba* a perdu quelques adeptes, qui aimaient en lui un plat simple et lui préfèrent désormais le *ramen*. Dans les snacks de *ramen*, très nombreux au Japon (plus de cinq mille à Tokyo), le prix des soupes n'est pas tellement plus élevé que celui d'un sandwich.

Les pâtes les plus accessibles restent toutefois les nouilles instantanées, réhydratées par le consommateur avec un peu d'eau bouillante. Au bout de trois minutes, c'est prêt, et aussi simple à préparer qu'un café instantané, comme l'affirmaient les toutes premières publicités.

Le film japonais *Nobody knows* de Kore-Eda Hirokaz, qui a reçu le prix d'interprétation masculine au Festival de Cannes 2004, illustre tristement le côté pratique des *instant noodles* aux arômes variés. Quatre enfants abandonnés par leur mère survivent tant bien que mal, seuls dans un appartement, en quémandant de la nourriture dans une épicerie de proximité, où ils se procurent notamment des *noodle cups*. Celles-ci deviennent l'une des bases de l'alimentation de ces quasi-orphelins, qui, après s'être sustentés du contenu des tasses en carton, y plantent des graines récupérées dans un parc voisin, transformant peu à peu leur balcon en jardin...

Adaptée à la vie moderne, ponctuée de casse-croûte avalés loin du domicile, la *noodle cup* est devenue un symbole de facilité et de modernité, mais aussi de mauvaise alimentation aux yeux des puristes. Estampillée *fast-food made in Asia*, le bol de nouilles instantanées a pris une telle place dans la vie quotidienne des Japonais qu'il fournit, malgré sa médiocre réputation, un repère nostalgique à ses expatriés. Sur les vols internationaux de la Japan Airlines à destination du Japon, une *noodle cup* est offerte aux passagers peu après le décollage. Pour les Japonais en voyage, cet en-cas est un avant-goût du pays natal. Les familiers des allers-retours intercontinentaux considèrent la *japonese noodle cup* consommée en plein ciel comme leur petite madeleine. Ce produit industriel, fabriqué par millions, est sans doute moins romantique que les gâteaux bombés qu'affectionnait Marcel Proust, mais, pour les habitants du Japon, il est tout aussi évocateur.

Pâtes de fête

À l'opposé des *instant noodles*, les *somen* apparaissent comme les pâtes les plus secrètes et les plus délicates du Japon. Ils ne figurent pas à la carte des restaurants ; ils se mangent à la maison, à la belle saison, et sont toujours servis froids. À la fin de leur cuisson, très brève, ces pâtes extrêmement fines sont passées à l'eau froide et mangées aussitôt. Ces fiancées de l'été sont les héroïnes de l'une des fêtes japonaises les plus gracieuses : le *somen nagashi*, ou *somen* flottant. Les hôtes convient leurs parents et amis à se réunir parmi les compositions fleuries et parfumées de leur jardin privé. Une structure temporaire, en bambou, dans laquelle coule une eau fraîche, parcourt le jardin. Les convives se placent selon leurs affinités le long du parcours de cette rivière artificielle et éphémère. En amont, le cuisinier allume un brasier. Il fait bouillir de l'eau dans une marmite, où il plonge des pincées de *somen*. Dès que les pâtes sont cuites, il les jette dans la rivière qu'il a créée. Les pâtes sont emportées par le courant frais, et les invités s'en saisissent à l'aide de leurs baguettes au moment où elles arrivent à leur hauteur. Rafraîchis par leur voyage dans l'eau, les *somen* sont prêts à être dégustés, trempés dans une sauce brune, subtile, également froide.

Apothéose de la grâce et métaphore de la fraîcheur, le *somen-nagashi* illustre le caractère festif de la pâte, présent dans plusieurs cultures. Symboles de

子
清長画

LE JARDIN DES IRIS : CONTRAIREMENT AUX NOUILLES URBAINES, AVALÉES DEBOUT, À LA HÂTE, DE JOUR COMME DE NUIT, LES *SOMEN NAGASHI* SE DÉGUSTENT EN FAMILLE OU ENTRE AMIS, DANS LA LUMIÈRE DES JARDINS JAPONAIS.

PAGES 58-59 : JEUNE FILLE ZHUANG CUEILLANT LE RIZ CULTIVÉ EN TERRASSES À LONGJI, EN CHINE.

longévité en Chine, les pâtes figurent obligatoirement au menu des repas d'anniversaire, ou d'adieu. Lorsque l'écrivain chinois Jin Yi voit arriver dans sa maison, à l'automne 1950, He Hong Er, entrée au service de l'impératrice Cixi (1835-1908) à l'âge de treize ans, il devine que la vieille dame vient lui dire adieu. Il sait que les Mandchous, lorsqu'ils sentent la mort venir, rendent visite une dernière fois à leur famille et à leurs amis, et leur remettent un cadeau en souvenir d'eux. Après avoir accepté le présent ultime de l'ancienne dame de cour, Jin Yi prépare un bol de nouilles, qu'il tend à sa visiteuse en lui souhaitant une longue vie.

Ces nouilles de longévité (*chang shou mian*) étaient réquisitionnées lors des mariages impériaux ou des banquets de nouvel an. Ce jour-là, l'empereur Qianlong, servi le premier, recevait un bol de nouilles aux œufs entiers, autre symbole de longévité, ainsi qu'un bol de riz, du lait fermenté et une soupe de poulet, volatile de bon augure. L'impératrice festoyait seulement d'un bol de nouilles et d'un bol de riz, tandis que les concubines n'avaient droit qu'à un bol de nouilles. Au temps de l'empereur Zhang Fu et de l'impératrice Cixi, le dernier plat du repas était composé de raviolis : un serviteur le portait sur la tête et le présentait aux souverains en s'agenouillant devant eux. À la cour comme dans les foyers chinois les plus humbles, manger des raviolis (*jiaozi*) le dernier jour de l'année présage la fortune. D'après William Chan Tat Chuen, auteur d'un ouvrage sur la cuisine chinoise (2002), toute la famille participe au rituel des *jiaozi*, qui suit des règles très précises. La pâte et la farce, mélange subtil de porc, de chou chinois, de coriandre, d'ail, de sauce soja et d'huile de sésame, doivent être préparées avant la tombée de la nuit, mais les raviolis ne seront « langés » en forme de demi-lune qu'au moment du passage à la nouvelle année, une transition appelée *zi sui*.

En Chine, les familles accueillent leurs visiteurs avec un bol de nouilles, de la même façon que les paysans italiens, au XVIIe siècle, offraient des pâtes en guise de bienvenue. La remarque méprisante d'un citadin, Girolamo Cirelli, qui accuse en 1694 les paysans de « faire grand étalage, quand ils invitent un ami à manger, en lui donnant des lasagnes ou des macaronis », met au contraire en lumière la générosité de cette hospitalité. Au XVIIe siècle, en Italie, la pâte reste coûteuse, et l'offrir est un signe fort de bienvenue.

À Naples, les pâtes entrent dans la célébration des mariages de manière symbolique. Philip Sinsheimer, fin connaisseur des pâtes du terroir italien, explique que les *ziti*, macaronis aussi longs que des spaghettis, servis lors des repas de noces représentent, par leur double aspect, à la fois phallique et creux, les deux sexes et leur union. De surcroît, la fille avant son mariage est parfois appelée *zita*. En mangeant des *ziti*, c'est-à-dire en se mariant, elle évitera de devenir *zitella*, ou vieille fille, même si, une fois mariée, elle entendra souvent son mari lui crier : *Zitta* (« tais-toi ») ! En Sardaigne, les petites pâtes farcies appelées *panadas*, fourrées au fromage de brebis frais et à la menthe fraîche, apparaissent au menu des banquets de mariage et de toutes les fêtes du pays. La farine étant travaillée avec du saindoux, la *panada* ressemble à un petit gâteau à la pâte sablée. Selon les localités, les *panadas* seront garnies de pecorino, de viande, d'anguille ou de légumes ; parfois, la farce est emmaillotée dans une double enveloppe de pâte. En Romagne italienne, les rituels campagnards associent les pâtes à la célébration d'une naissance. Aux visiteurs arrivant dans la maison où un enfant est né, la famille sert des soupes épaisses (*minestra*) où flottent des pâtes : des lasagnes si c'est une fille, des gnocchis (jadis appelés *maccheroni*) si c'est un garçon. Dans ces campagnes, où un fils était communément appelé *papa*, court cette chanson populaire : « Je vais à Cotignola acheter du lait / Pour faire les *maccheroni* parce que *papa* est né. »

Ces pâtes de fête rappellent qu'autrefois à chaque célébration était prescrite une pâte spécifique. Au XIIe siècle, par exemple, l'ordre des ermites de Camaldoli, dans les Apennins, réglait de manière précise le service de telle ou telle pâte en fonction du calendrier festif. De nos jours, les aliments se sont « laïcisés ». Regrettant cet « aplatissement du calendrier alimentaire », dans lequel les plats, dépouillés de leur vêtement rituel, ont perdu « leur pouvoir indéchiffrable et troublant de nouer un dialogue non seulement avec les vivants [...], non seulement avec les morts [...], non seulement avec les nouveaux venus à la lumière [...] mais aussi avec les puissances cachées et leurs intermédiaires », Piero Camporesi dénonce cette évolution dans un ouvrage intitulé *la Terre et la Lune* (1993). Il pointe le scandale que représentent à ses yeux ces pâtes nouvelles que sont les tagliatelles aux myrtilles ou ces recettes prétendument à l'ancienne taxées de « faux d'époque ». Si la désacralisation de l'alimentation regrettée par l'écrivain italien est un fait incontestable, caractéristique des sociétés contemporaines, nous aimons, pour notre part, la liberté qu'elle permet et l'inventivité des producteurs, lesquels métissent aujourd'hui talentueusement leurs pâtes de grâces inédites et de trouvailles heureuses.

4

La pâte en beauté

À l'examen des formes et des couleurs, la pâte alimentaire affiche une fascinante diversité que ses promoteurs ont à cœur de nous rendre infinie. Par leur nature, leurs qualités esthétiques, leur fantaisie appétissante et les mises en scène dont elles font l'objet, les pâtes jouent une partition qui donne la clé de la beauté et du bien-être.

Une géométrie variable

« *On peut donner à la pâte toutes sortes de figures* », déclare Malouin dans sa *Description et détails des arts du meunier, du vermicellier et du boulanger* au XVIIIe siècle. Trois cents ans plus tard, les rayons des épiceries fines ou des supermarchés donnent le tournis. Les modèles de pâtes semblent innombrables : fils, ficelles, baguettes, tuyaux, feuilles, rubans, torsades, larmes, boulettes, coussinets, papillotes, étoiles ou figurines, nés de l'imagination et du travail ancestral de la pâte. « Il nous faut comprendre que la main, aussi bien que le regard, a ses rêveries et sa poésie. Nous devrons donc découvrir les poèmes du toucher, les poèmes de la main qui pétrit. » Celle-ci connaît la « pâte parfaite », « aussi évidente à la main que le solide parfait l'est aux yeux du géomètre », certifie Gaston Bachelard dans son *Essai sur l'imagination de la matière* (1942).

Rectilignes ou sinueuses, creuses ou pleines, maigres ou renflées, simples ou fourrées, les pâtes possèdent une surface lisse (*lisce*, en italien) ou cannelée (*rigate*), des bords abrupts, crantés ou élégamment festonnés. Certaines pâtes figurent des graines, des lettres, des chapeaux, des papillons, des coquillages ou encore des radiateurs, tels ces *radiatori* créés en Italie durant les années cinquante. Des pâtes destinées aux enfants reproduisent des motifs amusants, telles les pâtes bio Entouka du Jardin Biologique, au profil de lion, d'éléphant, de girafe, ou les Pasta Kids fabriquées par Soubry, leader des pâtes alimentaires en Belgique. Des pâtes interdites aux moins de dix-huit ans dessinent des sexes dressés. Des pâtes plus romantiques se contentent de ressembler à des cœurs. Inventées au début du XIXe siècle à Venise, ces cœurs de pâte sont pleins ou percés, selon que l'on est heureux ou malheureux en amour.

L'allure des pâtes demeure inchangée au terme de la cuisson, à l'exception des pâtes droites, tendues, comme les spaghettis ou les *udon* japonais, qui perdent leur raideur cassante dans l'eau bouillante et se transforment en souples serpentins. Les pâtes doivent leur aptitude à garder leur forme à la cuisson au gluten, mot dérivé du latin *glutinum*, « glu », « colle ». Le réseau protéique du gluten confère aux semoules et aux farines leurs propriétés viscoélastiques et leur résistance à la cuisson. Le blé est la seule céréale contenant du gluten, corps azoté dans le réseau duquel sont enchâssés les granules d'amidon présents dans l'amande du grain. Le gluten communique à la pâte ses propriétés plastiques : cohésion, élasticité, plasticité, ténacité. Le gluten est constitué de gliadine et de gluténine. Cette dernière serait responsable de la « force » des pâtes de blé dur, supérieure à celles des pâtes de blé tendre, et la cause de leur stabilité dans l'eau bouillante. Les pâtes de blé dur supportent en effet une longue immersion dans un liquide bouillonnant, alors que le temps de cuisson des pâtes de blé tendre ou de riz, plus vulnérables, doit être bref.

PÂTES DE SARDAIGNE

Au XVIIIe siècle, lors de son voyage en Italie, le père Jean-Baptiste Labat relève la diversité des pâtes sardes et leur délicatesse. Aujourd'hui, la tradition sarde demeure très vivace grâce à des petits fabricants qui produisent tant des pâtes sèches que des pâtes fraîches : *malloreddus*, coquilles striées sans doute les plus typiques du catalogue sarde, *maccarones de Busa*, longues pâtes trouées, *fregula*, boulettes, *kulurgiones*, raviolis oblongs fermés par un feston de pâte, semblables à des figues blanches.

EMBALLAGES

Attention ! Les conditionnements transparents exposent les pâtes à la lumière, ce qui les appauvrit en riboflavine, une des vitamines du complexe B. Lorsque vous achetez des pâtes, préférez donc les emballages opaques aux sachets translucides. À la maison, rangez les pâtes dans un placard, à l'abri de la lumière.

PÂTES EN DÉFAUT

Si les pâtes sont gercées ou fêlées, c'est le résultat d'un séchage défectueux. Sans tenue dans le paquet, elles ne résisteront pas non plus à la cuisson. Abstenez-vous de les acheter si vous parvenez à apercevoir cette malfaçon à travers l'emballage.

À l'intérieur de chaque catégorie formelle, que les industriels réduisent communément à deux classes, pâtes courtes et pâtes longues, les tailles varient. Les paramètres de longueur, de largeur ou d'épaisseur autorisent toutes les trouvailles. Dans la famille des tagliatelles, par exemple, les *tonnarelli* mesurent 1,5 millimètre de largeur, et les *pappardelle* 2 centimètres. Les noms des pâtes italiennes fournissent parfois une indication de grandeur : les suffixes *-ini* et *-ette* indiquent une petite dimension, contrairement à *-oni*, synonyme de grande taille. Certains fabricants établissent une nomenclature propre ; la société Barilla, par exemple, a créé la collection des Piccolini, qui comprend entre autres des minipapillons, des minignocchis et de tout petits *fusilli*. À l'opposé, on tente de battre des records de grandeur. En 1987, le spaghetti le plus long a été confectionné en Suisse. Fabriqué avec 700 kilos de pâte, il sortait de la presse au rythme de 1 mètre par seconde et mesurait au total 92 000 mètres ! La plus grosse lasagne a été fabriquée aux États-Unis : elle mesurait 21 mètres de long sur 2 mètres de large, et pesait 3,5 tonnes... Mais la chronique ne dit pas en combien de temps furent mangées ces pâtes géantes, ni à quelle sauce !

La diversité des formes invite à la métaphore et à la poésie. Des vers d'Antonio Viviani datant de 1824 exaltent les macaronis napolitains, les comparant à des fanfares en spirale, à des poussières d'étoile, à des tuyaux d'orgue et des cols de fourrure, à des montagnes russes ou encore aux miettes d'une brioche. En 1859, dans les pages de la *Cuisinière poétique* rassemblées par le gastronome Charles Monselet, l'écrivain et librettiste Joseph Méry (1797-1866) décrit « un macaroni mélodieux, roux comme l'or, parfumé comme l'Orient, fluide comme l'ambroisie de l'Olympe, un macaroni de rayons solaires potables », éclatant au dîner « comme l'ouverture de *Sémiramis* ».

Hélas, on ne connaîtra jamais les vers écrits par Casanova, membre d'une académie macaronique, groupement de lettrés rassemblés pour déclamer des vers à la gloire des pâtes avant de les manger. Le célèbre aventurier relate comment il fut invité à rejoindre une telle assemblée, sans laisser à la postérité les dix stances composées pour la circonstance et qui lui valurent « d'être agrégé à l'académie par acclamation ». Il nous informe cependant qu'il fit encore meilleure figure à table, « mangeant si bien des macaronis qu'on [le] jugea digne d'en être déclaré prince ».

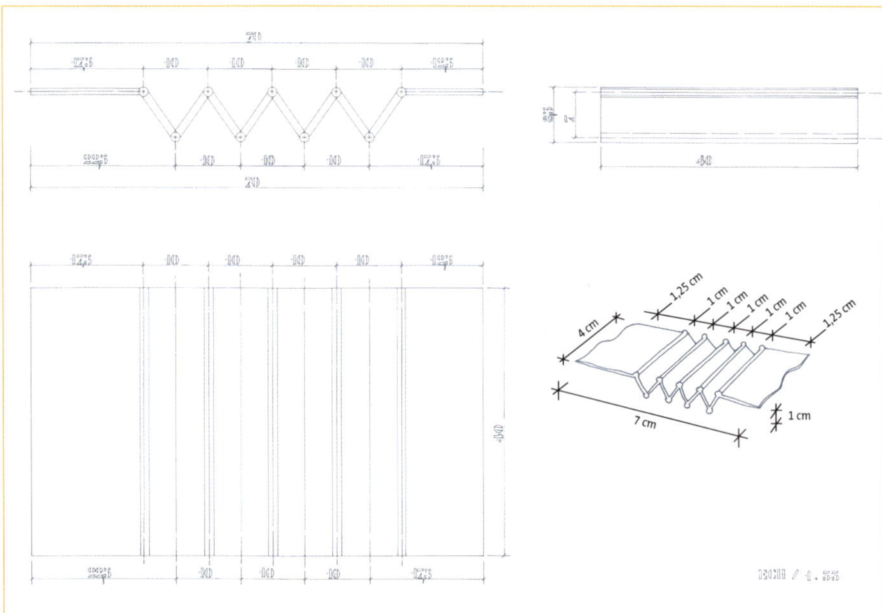

PLAN DE RÉALISATION DE LA PÂTE CRÉÉE EN 1987 PAR MICHEL CADESTIN POUR PANZANI : EN HAUT À GAUCHE, PROFIL EN LONGUEUR DE CE PLIAGE DE PÂTE DE 7 CM ; EN HAUT À DROITE, PROFIL EN LARGEUR (4 CM) ; EN BAS À GAUCHE, VUE DE LA PÂTE À PLAT. LES MESURES SONT INDIQUÉES EN MILLIMÈTRES.

La tentation du répertoire

Sur le bateau reliant Naples à Ischia, Juliet Mills énumère à Jack Lemmon, avec un délicieux accent londonien, seize spécialités de pâtes recensées par sa méthode d'italien rapide. Le film *Avanti* (1972) de Billy Wilder, amusante parodie d'une Italie de carte postale, ne pouvait éviter le sujet ! Quelques scènes plus tard, au restaurant, un maître d'hôtel stylé mitraille Juliet Mills et Jack Lemmon avec le nom de toutes les pâtes figurant au menu. Jack Lemmon interrompt impatiemment le catalogue : le businessman américain désagréable qu'il incarne à l'écran continuera d'ignorer que les spécialités de pâtes italiennes voisinent les trois cents et non la quinzaine, contrairement à ce que prétendait le manuel de langue, et que les dénominations varient selon les régions ou les fabricants, ce qui complique encore davantage le classement. Car la « polymorphologie » des pâtes incite irrésistiblement à les classer et à les répertorier malgré l'impossibilité d'atteindre l'exhaustivité, les spécialités locales étant innombrables.

Imaginons que nous nous promenons à travers une « world-épicerie » rassemblant toutes les pâtes du globe. Que voyons-nous sur les étagères ? Des **fils** de coton ou de soie, vermicelles de blé dur, blonds, longs ou courts, rangés pêle-mêle dans leur sachet. Les vermicelles de riz, ultrafins, fragiles, blancs et translucides, roulés en nids ou tournés en écheveaux : *mi fen* chinois, *mai fun* japonais ou *banh hoi* vietnamiens. Roulés en pelotes aériennes, les *mi chay*, nouilles de blé

TAGLIATELLES, AVIONS, FLEURS, ROUE, CŒURS, NOUNOURS, *RADIATORI*, *PENNE RIGATE* ET *FARFALLE* DE BLÉ DUR, NATURE OU À L'ENCRE DE SEICHE.

RAVIOLES DAUPHINOISES ET RAYOLES NIÇOISES

Quoique proche du ravioli italien, la raviole française du Dauphiné s'en distingue par sa pâte et sa taille, beaucoup plus petite. Elle était jadis farcie d'un hachis de viande ou de feuilles de rave les jours de carême, et c'est peut-être à ce végétal qu'elle doit son nom. Au XIXe siècle, la confection de ravioles sort des familles : elle est prise en charge par des « ravioleuses », qui vendent de maison en maison leur production, transportée dans un grand panier. Aujourd'hui, la raviole, pâte de blé tendre et d'œufs farcie de comté, d'herbes aromatiques et d'épices, bénéficie d'une appellation d'origine contrôlée englobant les départements de la Drôme et de l'Isère. Les ravioles sont fabriquées artisanalement par plaques de quarante-huit, qu'on appelle les « grosses ». On peut les faire pocher, gratiner au four ou frire à la poêle. Plus au sud, dans le comté de Nice et la Provence montagneuse, on mange une spécialité apparentée : les rayoles (ou railloles) niçoises, raviolis farcis de courgette et de blette ou d'un reste de viande hachée, du bœuf en daube par exemple. Dans les pays septentrionaux, le fourrage des ravioles locales reflète aussi les habitudes alimentaires du cru : en Sibérie, les *pelmeny sibirskie* contiennent du jambon cru, des champignons et du fromage blanc, tandis qu'en Ukraine on prépare une farce sucrée avec des cerises et du fromage blanc, et en Russie un hachis de veau et de hareng.

vietnamiennes, et les *misua*, nouilles de blé philippines, blanches, très fines ; les vermicelles d'arrow-root, fécule aussi nommée « maranta » ; les *harusame* japonais, ou « pluie de printemps », à base de pomme de terre, de patate douce ou de haricot mungo ; les nouilles de maïs philippines ; les vermicelles de pomme de terre coréens, d'une belle couleur jaune, ou encore les pâtes de mungo, blanches et translucides. Les nouilles de mungo, peu connues en Occident, sont fabriquées avec la farine obtenue à partir des minuscules graines vertes, jaunes ou brunes contenues dans les gousses du haricot mungo (*Phaseolus aureus* ou *Vigna aureus*). Les dérivés de cette plante herbacée originaire de l'Inde sont couramment consommés en Asie. En Occident, le haricot mungo est aussi connu, mais sous un pseudonyme : quand nous mangeons des pousses de soja, ce sont en fait des graines germées de haricot mungo que nous absorbons.

Après les vermicelles apparaissent les pâtes droites, linéaires : « Ici se produit le bond du statique vers le dynamique », écrit Kandinsky en 1926 à propos de la ligne, une citation adaptée à la description des spaghettis, à l'exception des courts, qui se courbent légèrement au séchage. En Italie, *vermicelli* désigne des spaghettis d'un diamètre légèrement supérieur à celui des spaghettis normaux. Les *capellini* sont au contraire beaucoup plus fins ; les Italiens les appellent « cheveux d'ange » (*capelli d'angelo*). Leur finesse les apparente presque à des fils, de même que les souples *somen* japonais, si fins qu'ils s'émiettent dès qu'on les manipule. Les *somen* sont présentés en portions d'environ 50 grammes ; ils sont reliés par un ruban de papier quand ils sont coupés à la longueur du paquet, ou bien roulés en longs écheveaux. Le *naengmyon* coréen, également très mince, est préparé avec du blé tendre, du sarrasin, de la fécule de pomme de terre et, parfois, des condiments tels que l'ail ou le gingembre.

Autour des spaghettis s'organise la catégorie des serpenteaux, pâtes longues à section ronde, à laquelle s'intègrent les macaronis coupés *alla chitarra*, sorte de guitare dont les fils cisaillent de fines pâtes. Les *bigoli* sont de gros spaghettis à la farine complète ; ils sont faits en Vénétie, alors que les *pici* ou *pinci*, aussi larges, viennent de Toscane. Les *spinosini* sont au contraire des spaghettis très fins, fabriqués dans la région de Campofilone.

En provenance d'Asie : les nouilles de riz, blanches, transparentes, de plusieurs diamètres ; les *bun* du Viêt-nam, utilisées pour les soupes, les rouleaux de printemps ou les salades ; les nouilles de fécule de manioc, ou tapioca, pour le *pho* ; les *banh lot tuoi*, épaisses nouilles faites de riz, de fécule de pomme de terre et d'huile végétale, ou les grosses *banh canh* de fécule de pomme de terre ; les spaghettis coréens au sarrasin et aux aromates, longs de 30 centimètres ; les *laksa*, spaghettis de riz utilisés pour faire le *laksa*, plat indonésien et malais ; les *kanom jim*, spaghettis de riz thaï ; les *gan mien* de blé chinois ; les blocs compacts de *chuka soba*, tortis de blé japonais ; les *hiyamugi*, gros spaghettis japonais ; les *hokkien* de Malaisie et de Singapour, qui contiennent des œufs ; les nouilles en écheveaux pour le *chow mein* de Hong Kong ; les *lo mein* cantonaises aux œufs, de diverses grandeurs ; les spaghettis de Guilin, à base de riz de la région de Guangxi ; les fines nouilles de Canton, présentées en blocs, faites avec de la farine de blé et de l'huile de coco, courantes aux Philippines où elles sont utilisées pour cuisiner le *pancit* ; les *ramen* japonais, vaguelettes jaunes agrégées en petites briques ; les *saimin*, *ramen* de Hawaii ; les grosses nouilles de Shanghai ; les épais *udon* du Japon, aussi très courants en Corée ; les *soba*, pâtes japonaises au sarrasin, de différents diamètres, nature ou parfumées au thé vert ; les nouilles gélatineuses d'agar-agar ; les nouilles de soja, à base de farine, ou les nouilles de tofu, préparées avec la crème produite par le lait de soja en train de bouillir ; les pâtes d'algues vertes ; les *shirataki* gélatineuses, « cascade blanche » japonaise, confectionnées à partir de *konnyaku*, extrait d'un tubercule comestible appelé « langue du diable ».

Au rayon des **rubans**, faveurs ou galons longs et plats, les tagliatelles sont de blé tendre quand elles sont préparées à la maison, ou de blé dur quand elles sortent par tonnes des usines, fraîches et conservées sous vide ou bien sèches et roulées en petits nids. Les rubans existent en plusieurs largeurs, et portent alors des appellations diverses. Les *tonnarelli* sont très fins, les *tagliolini*, les *tagliarini* et les *fettucine* plus larges, et les *pappardelle* encore plus larges, le double des *fettucine*. Les *trine* se reconnaissent à leurs côtés ondulés. Les *paglia e fieno* dessinent une triple boucle. Les *scialatielli* de Salerne, en Campanie, sont réputées pour leur fondant. Les *pizzoccheri* de la Valtine, au nord de l'Italie, sont confectionnés avec de la farine de sarrasin. On rangera dans cette famille des rubans : les *linguine*, languettes ou spaghettis plats, aussi appelés *trenette* ; les *lasagnete* ou *mafaldini*, étroites lasagnes aux bordures onduleuses ; les *rishta* tunisiens, rubans de 6 centimètres de long sur 2 centimètres de large, à base de semoule, d'eau et de sel. En Asie, les tagliatelles sont aussi très répandues et d'un for-

DE GAUCHE À DROITE : CIERGES, *TAGLIOLINI*, *NAENGMYON* AU SARRASIN, *TRINE*, *LINGUINE* À L'ENCRE DE SEICHE, *SOMEN* AU SARRASIN, *FETTUCINE* ET SPAGHETTIS (PAR-DESSUS) À L'ENCRE DE SEICHE.

PLAISIRS DE SAVOIE

Dans le panier des curiosités gastronomiques à rapporter de Savoie, les tagliatelles aux myrtilles, rose foncé, prennent place naturellement aux côtés des saucissons et des fromages de montagne. La Savoie mange déjà des pâtes quand elle est rattachée à la France, en 1860, mais c'est la naissance d'une industrie locale qui donne aux pâtes savoyardes une renommée nationale, avec les marques La Lune ou La Ruche, aujourd'hui disparues, ou les labels Alpina et Croix-de-Savoie, toujours actifs. Les merveilleuses pâtes à la myrtille sont vendues sous cette dernière dénomination, avec les taillerins, ces tagliatelles locales aux cèpes et aux bolets ou aux châtaignes. Alpina commercialise des produits classiques (papillons, macaronis, spaghettis, roues ou crêtes de coq, rebaptisés « papillotes », « méribels », « finettes » ou « corbiers »), ainsi que des spécialités du terroir : crozets et taillerins (tagliatelles), nouilles savoisiennes, pendentifs composés de trois perles, edelweiss copiant cette immortelle des neiges, rosières (ou fleurs creuses à six pétales), florettes (ou fleurs pleines), épinettes reproduisant des épis de blé, tafagnions (petits peignes dentés sur deux côtés) et pâtes à potage, perles ou invisibles, en forme de pique, de cœur ou de trèfle.

mat mouvant. Les *hu tieu tuoi*, épaisses lamelles de riz, d'eau et d'huile végétale, mesurent plus de 2 centimètres de large et sont vendues au rayon frais. Les *fen noodles*, populaires dans le sud du Viêt-nam, ressemblent à de gros rubans de décoration. Les *jantaboon* de Thaïlande évoquent les *tonnarelli*. Les tagliatelles d'Asie sont à base de riz (*ban pho* au Viêt-nam, *lai phen* en Chine, *sen lek* en Thaïlande) ou de blé (*wonton noodles* et *dan mien* chinoises, *kishimen* japonaises rectilignes).

Au hit-parade des **tubes** – probablement imaginés pour faciliter le séchage, la pâte étant ventilée de l'extérieur et de l'intérieur grâce à cette morphologie particulière – triomphent les macaronis (courts ou longs, gros ou fins, striés ou lisses). Viennent ensuite les plumes, ou *penne*, aux extrémités biseautées, les cannellonis (énormes tubes, à farcir), les *rigatoni* (gros tubes à bords droits), les *perciatellini* (ou *bucatini* dans sud de l'Italie), les *paccheri* (tubes striés aussi longs que larges), les *tubettini*, les *tubettone*, les *ditali* et les *ditalini*, les *ziti*, les *perciatelli*, les *sedani*, les *garganelli*, les *tortiglioni*, les *schiaffone*, les *gigantoni*, les *candeloni*, cierges de 50 centimètres de long, ou les *festonati*, à la voûte triangulaire.

Les tubes se courbent en coquillettes, en coudes, en cornettes suisses, en *chifferi rigati*, en escargots (*lumaconi* ou *pipe rigate*). Les tubes peuvent se fendre, lèvres entrouvertes, comme les *malloreddus sardes*, les *cavatelli* ou les crêtes de coq (*creste di gallo*), à la bordure dentelée, arrogante. L'étape suivante de la métamorphose est le coquillage : *conchiglie*, *conchiglioni*, *gnobetti*. Lentement, la pâte s'arrondit. Le tube court s'apparente à un anneau : c'est le cas des *anelli*, alliances siciliennes, des *calamarata*, gros anneaux de Campanie, ou des *ruoti de carro*, petites roues à six rayons.

Dans la tribu des **pâtes rondes**, on trouve les perles, les disques percés nommés « yeux de perdrix » (*occhi di pernice*), les *dischi volanti*, sortes de frisbees tourbillonnants, les *cappelletti*, petits chapeaux crantés, et les *orecchiette*, oreillettes typiques des Pouilles. Modelées autrefois par les doigts des façonnières, qui y laissaient leurs empreintes, les *orecchiette* sont désormais striées mécaniquement de façon à conserver cette marque caractéristique et à donner l'impression que les pâtes sont encore confectionnées à la main. Parmi les pâtes rondes, on trouve aussi des pâtes bombées et farcies, comme les *tortellini*, les *agnolotti*, les *fagottini* (minuscules aumônières) et les raviolis chinois. Le rond s'étire en ovale avec les gnocchis frais, les *cencioni*, les *strascinati*, pâtes concaves un peu plus longues que les *orecchiette*, les *corzetti*, pâtes ligures pliées en huit et dotées de deux petites fossettes, ou les gnocchis secs, au profil de palais des merveilles à trois coupoles.

Les *lunette* ou *mezzelune*, raviolis en forme de demi-lune, brisent le cercle et nous introduisent dans le groupe des raviolis angulaires, simples ou fourrés : carrés (raviolis et ravioles), trapèzes (*maltagliati*) ou triangles (*pansoti*) qui, repliés, forment les *cappelletti*, petits chapeaux pointus. Au départ de la réalisation de ces pâtes farcies, on trouve des **feuilles** fines, de blé tendre, de blé dur ou de riz. Dans ce collectif des feuilles, les plus fameuses sont les lasagnes, plates ou ondulées. Réduites à de petits rectangles de 5 centimètres de longueur et festonnées en largeur, elles se nomment *lasagnace*. Dix fois plus petites encore, elles s'apparentent aux crosets ou crozets de Savoie, confettis carrés de 2 millimètres d'épaisseur, à la farine de blé et de sarrasin, ou de blé seul. Des carrés plus grands, de la taille d'un ravioli, sont fabriqués dans le Haut-Var et portent le nom de « crouissés ». En Italie, les *quadretti* tracent des carrés, et les *taccozze* des losanges.

Parmi les feuilles sont rangés les papillons, *farfalle* et *farfellini*, rectangles pincés au centre. Ces pâtes froncées nous guident vers les pâtes zigzagantes, dont l'ensemble chevauche celui des serpenteaux, des rubans et des feuilles : hélices (*elice*), torches, *amorini* ondulants et *fusilli* tire-bouchonnés, appelés en français « tortis », « torsades » ou « girandoles », dont la séquence varie, nerveuse ou détendue. Autrefois, pour obtenir les *fusilli*, la pâte humide était entortillée sur une aiguille, que l'on retirait à la fin du séchage. Les *bucati lunghi*, ces grands *fusilli* presque aussi longs que les spaghettis, évoquent aussi une coiffure frisottée. Les *passatelli* sont d'étroites tagliatelles tire-bouchonnées. Les feuilles enroulées sur elles-mêmes donnent les *cotelli*, les *cavatappi*, les *casareccia* de Sicile et d'Ombrie, les *strozzacavalli* de Calabre, les *strozzapreti* (étrangleurs de prêtres), les *fricelli* et la *pasta al cepo*, confectionnée jadis en enroulant la pâte autour d'un bâton (*cepo*).

Notre promenade dans l'épicerie du monde se termine avec les pâtes microscopiques, destinées aux potages, que les Canadiens nomment joliment « **pâtes délicates** » : pâtes graniformes imitant les grains de riz, d'orge ou de poivre, étoiles (*stelline*), chiffres et lettres. Ces alphabets éducatifs flottent dans la version « junior » de la fameuse soupe américaine Campbell, lancée en 1904, trente-cinq ans après la fabrication de la première boîte de cette marque rendue mythique par Andy Warhol à la fin des années soixante.

DE HAUT EN BAS ET DE GAUCHE À DROITE : *CASARECCIA*, *FUSILLI*, *RIGATONI*, *LASAGNACE*, *ELICE*, *CALAMARATA*, *ORECCHIETTE*, PÉPINS DE MELON, LETTRES, GRAINS DE RIZ, *LUMACONI*, *PACCHERI*, GNOCCHIS, CROZETS.

CHAPEAU DE PÂTES POUR GOURMANDE ÉLÉGANTE (SALON DE LA MAISON ET DE L'ALIMENTATION À LOS ANGELES, 1932).

BIJOUX DE PÂTE

En 1991, Steffi Graf prête son visage et sa gloire à la marque Barilla en Allemagne. Lors de cette campagne publicitaire, la championne porte les pâtes Barilla en pendentif, en bague ou en boucles d'oreilles. La pâte apparaît seule, pierre précieuse posée sur l'annulaire ou broche légère agrafée au vêtement, et non sous la forme de ces traditionnels colliers de nouilles confectionnés par les enfants à l'approche de la fête des Mères.

Dans les cours de travaux manuels, les pâtes connaissent un autre emploi que la bijouterie. Collées sur des cartons, elles composent des tableaux plus ou moins réussis.

La couleur, indice de qualité

Moins nombreuses que les formes, les couleurs des pâtes peuvent toutefois occasionner des éblouissements, telles ces pâtes turquoise à la teinte surnaturelle du curaçao bleu. En Europe, la législation interdit de colorer les pâtes artificiellement, ce qui n'a pas toujours été le cas. Les gourmands des années vingt, par exemple, ont raffolé des pâtes au bleu de méthylène ! Aujourd'hui, la pigmentation des pâtes résulte de leur seule composition : céréales, jus de légumes ou épices. Les pâtes de riz doivent leur blancheur luminescente à cette céréale, tandis que les pâtes de froment diffusent la lumière des blés dorés.

De l'extérieur vers l'intérieur, le grain de blé se décompose en divers éléments : enveloppes, à haute teneur en cellulose ; assise protéique, siège des protéines et des enzymes ; albumen, centre des sucres lents ; germe. La couleur dépend des céréales mises en œuvre et de leur qualité, puis de la capacité du semoulier à séparer les enveloppes de l'albumen, raison pour laquelle un « bon » blé pour la semoulerie possédera des enveloppes fines, en plus d'être gros et vitreux. Si l'« adhérence » du blé est trop forte, la semoule sera marquée par la présence de nombreuses « piqûres ». Des piqûres brunes signent l'existence de son dans la semoule, puis dans les pâtes. Ces pâtes complètes résisteront à une cuisson longue, par exemple en bouillon, mais certains nutritionnistes mettent en garde contre leur teneur en phytates, capteurs de calcium.

Les piqûres de la semoule sont quelquefois noires, ce qui signifie que le blé employé était moucheté, une altération découlant d'un excès d'eau, venu des pluies ou du système d'irrigation, au début de la croissance du grain. Ce blé tacheté donne une semoule, et donc des pâtes, de faible qualité. Lorsqu'elles sont blanches, les piqûres résultent d'une mauvaise pastification. La couleur des pâtes dépend de la qualité des farines, ainsi que de la température des séchoirs. Plus celle-ci est basse, plus les pâtes seront claires ; plus elle est élevée, plus les pâtes seront foncées.

La pâte de blé tendre emprunte à l'ivoire sa teinte douce, discrète, alors que la pâte de blé dur présente une belle couleur jaune, lumineuse, presque ambrée. Au XIXe siècle, on colorait les pâtes de blé dur avec diverses substances chimiques afin d'obtenir cette blondeur idéale. Dès l'époque médiévale, en Italie, le jaune des pâtes est rehaussé par le safran, pratique encore recommandée par Malouin au XVIIIe siècle. De nos jours en Asie, le curcuma – ou safran des Indes en Europe, ou encore gingembre jaune (*yellow ginger*) en Inde – jaunit la plupart des pâtes fraîches de blé tendre, déjà blondies par la présence d'œufs.

La *pasta* italienne se prête plus fréquemment que la pâte asiatique à l'exercice de la colorisation. Les pâtes adoptent la teinte des légumes ou des aromates ajoutés. La pâte à la betterave sera généralement plus rose que pourpre, la pâte aux épinards vert bouteille, et la pâte aux carottes d'un orange fade. Au contraire, la pâte aux champignons blancs vire au brun, et les tagliatelles *fragola barolo* dupliquent à merveille la belle couleur des fraises mixées avec la pâte.

Certains fabricants empaquètent dans un même sachet des pâtes de différentes couleurs, obtenues à l'aide d'épinards, de tomates, de poivrons, de curcuma, de betteraves ou d'encre de seiche : *fusilli* jaunes, orange et noirs, *conchiglioni* grenat, roses, verts et noirs, tagliatelles *arlechino* de six couleurs ou *farfalle* « smoking », noirs et blanc cassé. Parfois, la pâte elle-même est panachée, tels ces *farfalle* rayés, ces *paglia e fieno* (« paille et foin »), constitués de *tagliolini* de deux couleurs, ces *sombreroni*, chapeaux de style vaguement mexicain, ou bien ces *linguine arcobellano* multicolores. La *lingua de suocera* est aussi une pâte rayée, longue, dentelée et délicatement vrillée. À l'opposé de cet arc-en-ciel de pâtes, les gnocchis et les *fusilli* de riz, destinés aux personnes allergiques au gluten, sont aussi blancs que leur matière première.

En Extrême-Orient, le blanc, le crème, l'ocre et le brun règnent sur le nuancier. Les pâtes de riz sont opalescentes, les *somen* de blé tendre ont un aspect crémeux, les spaghettis à base de fécule de patate douce, *tuk dang myun*, tirent sur le gris. Les pâtes coréennes au sarrasin et à la fécule de pomme de terre sont reconnaissables à leur couleur brun-rose, les pâtes mungo, aussi appelées « nouilles cellophane », sont blanches et translucides, de même que les *harusame* japonais. Les pâtes parfumées au thé vert demeurent dans une gamme pastel. Du passé surgissent des pâtes chinoises colorées d'un extrême raffinement, telles ces *hongsi botuo*, tagliatelles rouges confectionnées avec du jus de crevette crue mélangé à la pâte, ou encore ces pâtes vertes à la feuille de sophora, les *huaiye lengtao*, qui se mangeaient froides, l'été, à la cour de Chine, et qui inspirèrent ces vers au poète Du Fu, au VIIIe siècle : *Du sophora les plus hautes feuilles / Pour le cuisinier on cueille. / À la farine fraîche du marché / On mêle la liqueur exprimée. / Cuites par la grâce du chaudron, / Au petit déjeuner, elles emportent l'affliction.*

DE HAUT EN BAS ET DE GAUCHE À DROITE : *SOMBRERONI*, TAGLIATELLES, *FARFALLE*, *LINGUINE*, *TORTIGLIONI*, *TUBETTI*, FLEURS ET *CONCHIGLIONI* À LA CAROTTE, À LA BETTERAVE, AU CURCUMA, AU CURAÇAO OU AUX ÉPINARDS.

PASTASHOWS

En octobre 2002, se tint à Naples le premier *pastashow*, sorte de « Mondial » de la pâte italienne. Au programme de cette rencontre entre des fabricants venus de nombreux pays, débats, expositions, spectacles et démonstrations autour du thème de la *pasta*, aliment fédérateur du pourtour méditerranéen. En quatre jours, quatre-vingt mille personnes visitent la convention. Plus de trente mille assiettées de pâtes sont distribuées aux visiteurs. Gonflé par cette réussite, le *pastashow* se renouvelle à Naples et s'exporte à l'étranger, en Finlande par exemple.

Au Creusot, en 1997, le propos des organisateurs de l'exposition *Viva la pasta !* est moins ambitieux, mais plus artistique. Un illustrateur, Henri Galeron, un sculpteur, Jacques Happ, un peintre, Christian Segaud, et plusieurs photographes, dont Jean-Pierre Girbe, racontent à leur façon la saga des pâtes au public français.

MANDALA, PÂTE CRÉÉE EN 1987 PAR PHILIPPE STARCK POUR PANZANI.

Théâtralisation de la pâte

La plasticité des pâtes et leur ahurissante adaptabilité font qu'elles se prêtent à toutes les mises en scène publicitaires, de l'emballage à la conception de la pâte elle-même, le stylisme devenant un moyen de communiquer sur le produit. Durant les années cinquante, l'entreprenant Pietro Barilla, à l'écoute des leçons nord-américaines, développe la promotion de ses produits avec l'aide de l'artiste Erberto Carboni. Celui-ci renouvelle l'identité visuelle de Barilla en signant de nombreuses affiches et en relookant les emballages. Les publicitaires s'emparent évidemment avec efficacité de ce nouveau média qu'est la télévision. En 1958, Barilla confie à l'acteur italien Giorgio Albertazzi le soin de promouvoir ses produits sur le petit écran ; en 1959, Barilla charge Dario Fo, alors connu en tant que comique, d'être son ambassadeur, un rôle que joueront également par la suite le comédien Gérard Depardieu et la championne de tennis Steffi Graf. Des années cinquante et soixante date l'essor national puis planétaire de la société familiale, fondée en 1877 à Parme par un Barilla boulanger. En 1985, Barilla entre dans la légende du cinéma avec *Haute Société*, spot publicitaire tourné par Fellini sur une musique de Nino Rota. En France, la société Panzani, créée en 1940 par un fils d'immigrés italiens, adopte la première le paquet en Cellophane, à la fin de la guerre. Au début des seventies, Panzani s'affiche en fournissant sans le vouloir un matériau d'analyse à l'écrivain Roland Barthes (1915-1980). Dans ses *Essais critiques III*, intitulés *l'Obvie et l'Obtus* (1977), Roland Barthes réfléchit à la rhétorique de l'image et décrypte les messages contenus dans une publicité, une nature morte composée de paquets de pâtes Panzani, d'une boîte de sauce, de tomates, d'oignons, de poivrons et d'un champignon sortant d'un filet de ménagère. L'ensemble évoque l'italianité par le biais non seulement de la marque, mais aussi des couleurs sélectionnées : jaune et vert sur fond rouge. Le filet et les légumes crus renvoient par ailleurs à la fraîcheur, à un mode de vie où l'on prend son temps pour faire le marché et choisir des bons produits, comme si la sauce industrielle vantée avec les pâtes égalait une préparation maison ! Ainsi connotées sous l'effet de cette réclame, la sauce et les pâtes sorties des usines de Panzani deviennent un vecteur de vie saine, naturelle.

Pérennisée par la pensée de Barthes, et oubliée depuis longtemps par le grand public, cette publicité ne connaît pas l'incroyable destin de la campagne agencée autour de Don Patillo, parodie de Don Camillo, auquel Fernandel prêta ses traits. La campagne publicitaire conçue par Havas Conseil en 1975 pour Panzani reprend l'idée d'un homme d'Église dialoguant avec Dieu imaginée par Giovanni Guareschi dans son livre *le Petit Monde de Don Camillo*. Jean Duvivier adapte ce roman au cinéma en 1951, avec Fernandel en vedette. Le film remporte énorme succès et devient le premier d'une série. Modeste curé provençal, alors que Don Camillo est italien, Don Patillo, incarné à l'écran par l'imitateur André Aubert reprenant le personnage de Fernandel et son inénarrable accent, se défend du péché de gourmandise devant une assiettée de pâtes. « Des pâtes, oui, mais des Panzani ! » rétorque le Divin. Désormais, Don Patillo, devenu plus vrai que nature grâce à la bonne fortune de son personnage, écrit des livres de recettes de pâtes, publie ses confessions et anime des forums de discussion sur le web ! Selon un sondage réalisé en l'an 2000, il serait l'un des personnages publicitaires préférés des Français.

De l'autre côté des Alpes, la palme de la promotion est détenue depuis plusieurs années par l'ami imaginaire de Marilyn Monroe, de Rita Hayworth, d'Humphrey Bogart et des sept nains. Giovanni Rana, numéro un des pâtes fraîches en Italie, aime les stars et le montre en se produisant dans des films publicitaires truqués où il apparaît aux côtés de grandes vedettes hollywoodiennes. En 1998, sa prestation avec Marilyn lui vaut un Oscar... et des ailes. Peu après, Giovanni Rana s'exhibe sur la Lune avec Neil Armstrong, et, de l'autre côté du miroir, en compagnie de Blanche-Neige. Sa frénésie inventive n'a qu'un but : promouvoir les pâtes fraîches fabriquées dans les usines de ce groupe familial ; il n'hésite pas à pratiquer la publicité comparative et tente, par tous les moyens, de donner envie de manger des pâtes. Pour cela, Giovanni Rana rachète à Vérone la trattoria Trois Couronnes, qu'affectionnaient Maria Callas, Noureïev et Zeffirelli. Il transforme l'établissement en restaurant populaire avec, au menu, plus de cinquante plats de pâtes fraîches. Sans dédaigner le principe du fast-food, Giovanni Rana veut rénover ce concept et en rehausser la qualité en servant non des hamburgers, mais des pâtes ! Aussitôt dit, aussitôt fait : en 2004, le premier « pasta-food », installé à Vimercate dans la banlieue milanaise, à l'intérieur d'un centre commercial, juste en face d'un Mc Donald's, sert cinq cents personnes par jour...

Autre bon moyen de communiquer : l'appel non plus aux vedettes d'Hollywood, mais au design. En 1983, Barilla demande à Giorgetto Giugiaro, styliste des automobiles Fiat, Alfa Romeo, Maserati, Volkswagen et Saab, de créer une pâte nouvelle. La *marille* naît de cette requête, macaroni double, strié à l'intérieur, au galbe supersonique dû notamment à la présence d'une ailette. Au milieu des années quatre-vingt, la société Panzani fait aussi appel au stylisme ; elle ne sollicite pas un mais plusieurs designers. À sa demande, Michel Cadestin, Christian Ragot, Nemo et Philippe Starck couvrent leurs carnets de croquis. Les propositions des stylistes sont passées au crible par les ingénieurs de Panzani. Certaines sont écartées en raison de leur manque de faisabilité : en effet, elles deviendraient informes à la cuisson. Les industriels expliquent aux créateurs de pâtes comment renforcer leurs sculptures de manière à garantir leur tenue à la cuisson, et les recherches reprennent. Elles aboutissent en 1987. Les formats retenus sont façonnés en plâtre et présentés au Salon des artistes décorateurs, puis fabriqués et commercialisés durant quelques mois. La pâte de Michel Cadestin s'apparente à un origami élégamment plié en accordéon au centre, de façon à capturer la sauce ; celle de Christian Ragot adopte une structure alvéolaire, dans le même but, tandis que Nemo, *alias* François Scali et Alain Domingo, opte pour un cube ailé, ouvert sur deux faces et rainuré à l'extérieur.

Des années plus tard, alors qu'il est en conférence dans une université américaine, Philippe Starck raconte comment sa réflexion aboutit au modèle Mandala, nom d'un symbole bouddhiste circulaire représentant le monde ainsi que l'unité du corps et de l'esprit du Bouddha. Le styliste sait que l'amour des pâtes est ennuagé par la peur de grossir, et il se demande comment céder à la gourmandise sans prendre du poids. Pour résoudre cette contradiction, Philippe Starck conçoit une pâte creuse, avec 10 % de pâte et 90 % d'air. Constatant par ailleurs que Français et Américains ont l'habitude de trop cuire les pâtes, il invente une pâte à épaisseur variable. Il dote Mandala de deux ailettes, qui resteront fermes

AFFICHE DE PAOLO GARRETTO POUR LES PÂTES ALESSANDRO.

COMPOSITION
POUR 100 G DE GRAINS
DE BLÉ ENTIERS

	BLÉ DUR	BLÉ TENDRE
Énergie (kcal)	331	334
Eau (g)	13	13,5
Glucides (g)	63	67,3
Lipides (g)	2,5	2
Protides (g)	14	11,7
Fibres (g)	9,5	9,5
Calcium (mg)	35	30
Magnésium (mg)	100	173
Phosphore (mg)	390	340
Sodium (mg)	5	5
Potassium (mg)	–	370
Fer (mg)	4,5	3,4
Vitamine B1 (mg)	0,5	0,45
Vitamine B2 (mg)	0,09	0,1
Vitamine PP (mg)	6	5
Vitamine E (mg)	3	2,5
Biotine (mg)	0,01	0,005
Vitamine B9 ou acide folique (mg)	0,04	0,05
Vitamine B6 (mg)	0,5	0,45

Sources : Office national interprofessionnel des céréales et Institut technique des céréales et des fourrages.

AVANT UNE COMPÉTITION

Si vous pratiquez un sport d'endurance, voici le régime recommandé avant l'épreuve...

J – 3 : ajoutez des pâtes, ou bien d'autres sucres lents, comme le riz, la semoule, la pomme de terre ou les légumes secs, à vos repas habituels.

J – 1 : mangez de la viande, des pâtes préparées avec une sauce peu grasse, facile à digérer, un peu de pain, un yaourt et un dessert.

Le jour J, au moins trois heures avant le début de l'épreuve, misez tout sur les sucres lents. Pendant l'épreuve, passez aux sucres rapides, notamment sous forme de boissons, pour soutenir votre effort.

quand le reste de la pâte sera mou. Le nom, enfin. Philippe Starck le trouvera après avoir interrogé un médecin. « Qu'y a-t-il dans les pâtes ? » demande le designer au docteur. « Une nourriture équilibrée », répond ce dernier. Philippe Starck pense aussitôt au yin et au yang. Il garnit l'intérieur du tube de pâte d'une vague qui dessine le symbole du yin et du yang à l'intérieur d'un cercle, et consolide en même temps le tube, empêchant qu'il ne se décompose à la cuisson. « Même dans une petite chose, chaque partie doit être fonctionnelle », conclut Philippe Starck.

La carte minceur

La pâte est belle et, en plus, elle rend beau... et pas seulement quand elle est portée en colliers ! Véritable trésor nutritionnel, la pâte agit sur notre apparence. Notre peau, par exemple, a besoin des vitamines PP contenues dans les pâtes, nos dents de leur calcium, par ailleurs nécessaire à la construction du squelette en période de croissance et à son entretien durant la vieillesse.

Avec les pâtes, la silhouette évolue, la masse corporelle se contrôle. Accéder à la minceur en mangeant des pâtes, voilà ce que proposent les régimes en vogue actuellement, en rupture avec les idées promues à partir des années cinquante. À cette époque, les pâtes — comme le pain — sont accusées de faire grossir, et bannies des régimes amaigrissants en vertu d'un idéal de minceur, voire de maigreur, qui commence à s'imposer à travers la mode et les magazines. Au cours de la décennie quatre-vingt-dix, les diététiciens opèrent un revirement radical : ils réhabilitent les pâtes et le pain, et préconisent même le « régime pâtes » pour accéder sans dégâts à un corps fin, délesté des graisses superflues. Les régimes fondés sur l'absorption exclusive de protéines et de légumes verts réduisent en effet l'individu à avoir faim, un comble dans les sociétés occidentales, où la surproduction agricole nécessite la mise en place de politiques compensatoires et où les magasins débordent de produits tandis qu'ailleurs la malnutrition, voire la famine, sévit réellement.

Pour maigrir sans avoir faim, le régime pâtes devient le must des pays riches. Les pâtes de blé ou de riz sont des féculents pour l'essentiel, des sucres lents, ou glucides complexes, assimilés lentement par l'organisme, à l'opposé des sucres dits rapides (bonbons, miel, fruits, morceaux de sucre). Composées à 80 % d'amidon, les pâtes stationnent longuement dans l'estomac, et leur assimilation progressive stabilise le taux de sucre dans le sang. En mangeant des pâtes, on évite les fringales, on expérimente la satiété. Parce qu'elle sont pauvres en graisses et riches en fibres, les pâtes sont conseillées aux personnes confrontées à des problèmes de surpoids. Une étude réalisée avec des enfants démontre qu'une consommation régulière de glucides lents aussi bien que rapides diminue le besoin de graisses, et donc le risque de grossir. À l'inverse, le corps compense la disparition des glucides en augmentant son besoin en graisses.

Les pâtes et autres sucres lents aideront aussi à réguler le taux de cholestérol. Attention, dans ce cas, à ne pas forcer sur le beurre, la crème fraîche ou le fromage râpé. Employez de préférence un corps gras d'origine végétale, comme l'huile d'olive, et ne dépassez pas la dose de 10 grammes de matière grasse pour 100 grammes de pâtes cuites.

Le secret des champions

En empêchant l'hypoglycémie, qui provoque fatigue et déconcentration, les pâtes s'apparentent à un carburant au long cours. C'est l'amidon contenu dans l'amande farineuse du grain qui confère aux pâtes cette persistance nutritionnelle, recherchée notamment par les marathoniens. Avant une compétition, ces athlètes mangent des pâtes en guise de petit déjeuner de manière à se constituer une réserve énergétique. Le glycogène, stocké dans le foie, sera libéré progressivement, au fil de l'épreuve, à destination des muscles et du cerveau, et assistera les sportifs jusqu'au terme de l'épreuve. Pour cette raison, les organisateurs du célèbre marathon de New York invitent tous les concurrents, la veille de l'épreuve, à une gigantesque *pasta party*, où sont servies des pâtes en tous genres, à toutes les sauces. Le rythme de détente calorique des pâtes est directement lié à leur cuisson. Des pâtes peu cuites (*al dente*) seront assimilées très lentement par l'organisme, beaucoup plus lentement que le pain notamment. *A contrario*, les pâtes très ou trop cuites stationneront moins longtemps dans l'estomac, et seront plus vite assimilées. Les pâtes possèdent un atout supplémentaire : lors de la cuisson dans de l'eau à ébullition, elles absorbent en moyenne deux fois leur poids en eau, ce qui favorise l'hydratation de l'organisme. Cette particularité, profitable à tous, préserve notamment les enfants ou les personnes âgées des risques de déshydratation. Elle est également mise à profit par les sportifs, qui perdent beaucoup d'eau pendant l'entraînement ou la compétition.

DE HAUT EN BAS ET DE GAUCHE À DROITE : RAVIOLIS AUX ÉPINARDS, *CAPPELLETTI*, *TORTELLINI*, RAVIOLIS, *MEZZELUNE* ET RAVIOLES.

À VÉLO

Chaque jour, sur le Tour de France, un cycliste dépense six mille calories ! En conséquence, « les quantités de pâtes avalées par un cycliste sont impressionnantes : deux ou trois grosses assiettes, saupoudrées de gruyère râpé. D'ailleurs, les restaurateurs qui accueillent les cyclistes pour la première fois n'en croient pas leurs yeux ! », rapporte le docteur Porte, médecin du Tour. Ces agapes sont rendues obligatoires par l'effort à fournir. Hors compétition, les cyclistes reviennent à un régime moins impressionnant, mais toujours très équilibré.

L'harmonie

Tous ceux qui aspirent à l'équilibre nutritionnel, gage de vigueur et de bonne santé, doivent manger des pâtes. Les pâtes de blé fournissent non seulement des glucides, mais aussi des protides. Une portion de 60 grammes de pâtes de froment crues fournit le cinquième des protides indispensables à un adulte chaque jour (taux généralement évalué à 1 gramme de protéines par kilo de poids). Variant de 12 à 16 % selon qu'il s'agit de blé tendre ou de blé dur, plus riche en protides, la teneur protidique des pâtes équivaut à celle des œufs (12 %), mais il faut se souvenir que l'organisme a besoin de protéines animales et de protéines végétales à parts égales.
Les pâtes recèlent par ailleurs des vitamines et des sels minéraux. Leurs vitamines B facilitent l'assimilation des glucides et contribuent au bon fonctionnement de notre système nerveux et de notre musculature. Leur vitamine E s'avère nécessaire à la régénération de nos cellules. Leur fer est capital pour les globules rouges, leur sodium pour l'hydratation du métabolisme, leur potassium pour nos nerfs. Aussi indispensable à l'entretien du squelette que le phosphore, le calcium complète l'impact du magnésium sur l'activité musculaire.
Auxiliaires de l'activité physique, les pâtes soutiennent aussi la performance intellectuelle : quand le cerveau puise son énergie dans un sang riche en glucose, le sujet reste concentré sur son activité. De surcroît, Dominique Laty et Jean-Bernard Mallet, auteurs d'un *Régime des pâtes* (2004), mettent en avant le rôle positif des glucides lents sur le mécanisme de la mémoire chez les personnes âgées, et sur celui du repos. Conjuguées avec des acides gras essentiels, comme les oméga 3, les pâtes favoriseraient la synthèse de la mélatonine, l'hormone du sommeil. Au dîner, un bon plat de pâtes accommodées avec du saumon et de l'huile de noix, ou avec un peu d'huile d'olive mélangée à de l'huile de colza, serait en conséquence le secret d'une bonne nuit.
Les pâtes aux œufs apportent plus de phosphore et de fer que les pâtes simples. Elles sont aussi un peu plus caloriques : 150 grammes de pâtes aux œufs cuites apportent 200 calories, alors que la même portion de pâtes simples fournit de 175 à 190 calories. Les nouilles de blé complet contiennent plus de fibres, les pâtes de riz plus de fer et de sodium, mais elles sont moins riches en protides. Les pâtes de soja détiennent le record de la teneur en protéines car elles sont issues de la farine obtenue à partir des graines ou des fèves de soja moulues, qui contiennent 40 % de protéines, soit deux fois plus que la viande ou le poisson ! Le soja, légumineuse originaire de Mandchourie, contient aussi des sels minéraux, des vitamines et de la lécithine, régulatrice du taux de cholestérol dans le sang. Les pâtes de haricot mungo affichent également un bon score en protéines (23 g pour 100 g de pâtes), en sels minéraux et en vitamines.
À évaluer la fortune nutritionnelle des pâtes, on entrevoit un bonheur diététique total, nous dédouanant du péché de gourmandise. Les pâtes, aliment-miracle ? Il est vrai qu'elles ont bien des qualités, mais qu'on ne s'y trompe pas ! Si elles sont effectivement excellentes pour la santé, elles demeurent insuffisantes. Pièces maîtresses d'une alimentation réussie, elles doivent être associées à des protéines et à des lipides, sans forcer sur les sauces ! Manger des pâtes, oui, mais en connaisseurs, avec mesure et sans perdre de vue les règles de base de la « gastrotechnie », cette science de la cuisine systématisée par le médecin et biologiste Édouard de Pomiane (1875-1964), qui désignait par ce néologisme tant l'art de confectionner les mets que les données chimiques et physiques nécessaires à ces préparations.
Faire un repas de pâtes uniquement est vivement déconseillé. Une platée de pâtes en guise de repas apporte trop de glucides sans suffire à l'apport protidique, selon Gérard Guicheteau et la doctoresse Isabelle Raynaud, auteurs du *Régime pâtes* en 2002. Un repas équilibré sera constitué d'une entrée (crudités assaisonnées d'huile végétale ou potage de légumes), d'une part de poisson, de viande ou

SOJA, CETTE PLANTE DE LA FAMILLE DES PAPILIONACÉES AVEC LAQUELLE LES ASIATIQUES PRÉPARENT DU LAIT, DE LA FARINE, DES PÂTES ET DES SAUCES À FORTE TENEUR EN PROTÉINES.

RIZ, UNE CÉRÉALE POURVUE EN FER ET DÉNUÉE DE GLUTEN.

d'œufs, d'une portion de pain, de pâtes ou d'autres féculents, d'un laitage et d'un fruit. Au cours de la journée, une bonne répartition de la ration alimentaire combinera de 15 à 20 % de protides, de 30 à 35 % de lipides et 50 % de glucides. Une alimentation bien conçue intégrera de surcroît une diète sévère les lendemains de fête et de repas gastronomiques. Au lieu de légumes à l'eau, absorbez des pâtes nature, sans sauce ni accompagnement, seulement agrémentées d'un peu de sel et de poivre, pour compenser vos excès de la veille.

Quoique neuf dans son propos, le « régime pâtes » n'est pas inédit. Les pâtes, autrefois, étaient souvent considérées comme un aliment de diète, à prescrire aux malades et aux convalescents. Si elles sont aujourd'hui « fiancées » avec la vitalité, elles renvoyaient jadis à la diète, à la maladie, en particulier en France. Qualifiées de saines et de nourrissantes par les réclames, elles étaient servies en potage, en guise de reconstituant.

L'emploi presque médicinal des pâtes, administrées aux personnes affaiblies, a enfanté les pâtes enrichies de substances fortifiantes. Au tournant du XXe siècle, apparaissent au catalogue des fabricants des pâtes contenant du fer, de la pepsine ou un surcroît de gluten. Le principe de l'adjonction d'éléments nutritifs fait florès dans les pays européens comme la France, la Suisse ou l'Allemagne. Dans certains pays, par exemple le Canada, les consommateurs recherchent aujourd'hui encore des pâtes enrichies en fer, en vitamines du groupe B (thiamine, riboflavine et niacine), en fibres végétales (cosses de pois moulues) ou en protéines (poudre d'œuf, lactosérum ou protéines végétales). Il existe aussi des pâtes enrichies aux germes de blé, à la vitamine E et aux oméga 3. Ces produits corrigés complètent utilement la ration des enfants et des adolescents en pleine croissance, des malades, des convalescents, des personnes âgées ou des femmes enceintes. Durant la grossesse, en particulier, le besoin de fer augmente. Un supplément d'acide folique (vitamine B9) est aussi le bienvenu pour prévenir les risques de malformation du tube neural du fœtus.

En dehors de ces situations particulières, un adulte en bonne santé et mangeant de manière équilibrée n'a pas besoin de compléments nutritifs : il trouve dans sa nourriture quotidienne tous les éléments indispensables au bon fonctionnement de son métabolisme.

Spécialités bio

Si les pâtes bio se situent dans la lignée des pâtes diététiques, elles procèdent néanmoins d'une démarche distincte de celle des pâtes enrichies. Cherchant à restituer les éléments nutritifs des blés dans toute leur pureté, les fabricants s'approvisionnent en céréales issues de l'agriculture biologique, c'est-à-dire qui ont grandi sans engrais, herbicide, insecticide ou pesticide. Le stockage de ces blés est effectué de manière à les isoler des céréales issues d'une filière normale, puis, dans l'usine, la production

MACARONIS À LA RUSSE

Parmi les contes écrits par le poète moscovite Alexis Rémizov (1877-1957) et illustrés par Wassily Kandinsky (1866-1944), le texte intitulé *Macaronis* raconte une chute dans la profondeur obscure d'un cratère. En s'aidant de ses mains, le narrateur remonte péniblement vers la lumière quand il entend son compagnon lui crier : « Dépêche-toi de sortir de là, je t'ai préparé des macaronis, et j'ai peur qu'ils refroidissent, qu'ils soient trop salés ! » Pour accompagner ce poème onirique, Kandinsky représenta l'obscurité du cratère et non, hélas, les macaronis...

pastière est organisée selon les normes et les procédures de la certification « bio », et soumise au contrôle qualité d'un organisme agréé.

L'offre bio s'étire dans plusieurs directions. La première consiste à reprendre les recettes traditionnelles de pâtes de blé ou de riz, et à les fabriquer entièrement dans la filière bio. La deuxième privilégie la transformation des céréales complètes ou les mélanges inédits (jusqu'à cinq céréales associées). Les Occidentaux ont par exemple découvert, grâce aux magasins bio, les pâtes au sarrasin, que les Asiatiques consomment depuis bien longtemps. Le sarrasin n'est pas une graminée comme les autres céréales : il appartient à la famille des polygonacées. Non panifiable, il doit être mélangé au blé pour faire du pain ou des pâtes. Sa teneur en substances minérales et en vitamines est comparable à celle du blé, mais il contient plus de lysine, donc de protéines.

Par ailleurs, on doit aux fabricants bio d'avoir introduit certaines céréales dans la production pastière. Le quinoa, par exemple, céréale cultivée dans les Andes et en Amérique centrale par les Amérindiens, était inconnu dans le monde des pâtes alimentaires. Les Amérindiens mangent les feuilles de quinoa en légumes, les graines en galettes ou en bouillies, tandis que les résidus de la plante servent de fourrage. La teneur en protéines et en lipides du quinoa, cultivé depuis l'époque des Aztèques, est plus élevée que celle de la plupart des autres céréales, c'est pourquoi il est apprécié des amateurs de produits bio.

L'entrée du quinoa illustre le troisième axe de croissance des pâtes bio : la quête d'originalité. Des ingrédients, comme certaines épices, sont additionnés à la pâte (et non à la sauce), ainsi parée de saveurs et de couleurs neuves. Les inventeurs de pâtes nouvelles cherchent leur inspiration dans des contrées lointaines, on l'a vu, ou dans le temps. Le kamut, ou « blé des pharaons », cultivé dans la vallée du Nil pendant l'Antiquité et oublié par la suite, a été redécouvert récemment et admis dans l'univers de la pastification. Il est industrialisé par une firme américaine, qui en a déposé la marque. L'entreprise fabrique non seulement des pâtes, mais aussi du couscous et du boulgour à partir de cette céréale antique, appartenant à la famille des blés durs.

La recherche de céréales ou d'ingrédients novateurs dans l'art des pâtes par les fabricants bio renouvelle la gamme des produits disponibles tout en insistant sur le bien-être des consommateurs, sommés de prendre soin d'eux-mêmes. Autant qu'une conquête de la santé, les pâtes bio signifient la recherche d'un goût authentique.

DANS CET ASSORTIMENT DE CÉRÉALES SE TROUVENT, DE HAUT EN BAS ET DE GAUCHE À DROITE, L'AVOINE, L'ORGE, LE RIZ BRUN, LE MAÏS, LE QUINOA ET LE BLÉ DUR.

5
Mises en bouche

Le balancier des sensations, oscillant entre rusticité et urbanité, crème et croquant, sable et rivière, rythme le plaisir de manger des pâtes d'une polyphonie aussi riche que leur géographie. Plates ou dodues, les mille et une pâtes et leurs sauces offrent l'occasion de chanter jour après jour les joies de la gourmandise.

Le nerf des pâtes

La consistance de la pâte, piquée sur une fourchette, enroulée sur les dents métalliques ou pincée entre deux baguettes, s'évalue en cours de cuisson, dans la cuisine envahie par la vapeur. Certains préconisent de la projeter contre un mur carrelé. Si elle colle aux carreaux, c'est qu'elle est prête ; sinon, il faut la faire cuire encore quelques minutes... Cette méthode à la hussarde prive de la dégustation de la pâte nature. On décide si la pâte est cuite en éprouvant son « nerf » (*nerbo*), charpente de la pâte crue, que les Napolitains veulent retrouver intact après la cuisson, à la fois ferme et élastique sous la dent, c'est-à-dire *al dente*. À l'opposé, l'Italie septentrionale demeure le plus souvent partisane de la pâte *al palato*, fondante au palais.

En général, fiez-vous au temps de cuisson indiqué sur le paquet, mais la décision finale vous reviendra toujours : goûtez les pâtes au fur et à mesure pour savoir si elles sont cuites à votre envie. Comme pour les viandes, les positions diffèrent selon les régions et les individus. Alexandre Dumas avance que le degré de cuisson des macaronis est « affaire de sentiment ». Il précise néanmoins que le macaroni trop cuit ne vaut rien. Il faut, selon l'expression napolitaine, *ché cresca in corpo*, « qu'il renfle dans son corps ». Le goût pour la pâte *al dente* est relativement récent, né dans l'Italie du Sud au XVIIe siècle. D'après Jean-François Revel, cette mode aurait été introduite en France par le prince de Dombes, auteur d'un livre de recettes intitulé *le Cuisinier gascon* (1740) ; il aurait été le premier à recommander de servir des pâtes fermes, au terme d'une cuisson brève.

Auparavant, le goût commun avantageait les pâtes moelleuses, voire molles. Au Moyen Âge, le grand Maestro Martino préconisait de cuire les vermicelles pendant une heure, et les macaronis deux fois plus ! Les cuissons longues répondaient à deux exigences : attendrir les pâtes et en faciliter l'assimilation. Durant des siècles, en effet, les médecins accusèrent les pâtes d'être peu digestes. Ils recommandaient en conséquence de les cuire longuement.

La vogue de la pâte *al dente*, diffusée depuis trois cents ans, n'a pas complètement éliminé les partisans des pâtes très cuites. En Italie même, les habitants des régions du Nord continuent à cuire un peu plus longtemps les pâtes que leurs compatriotes du Mezzogiorno. En France ou aux États-Unis, la pâte *al dente*, voire *al dentissimi* ou « verte », c'est-à-dire très peu cuite, est devenue l'apanage des milieux sophistiqués, à la recherche d'une pâte au goût absolu de céréales presque crues, où l'on taxe d'incompétence ou, pis, d'ignorance, les fans de coquillettes ou de spaghettis amollis par une cuisson interminable. Le couronnement de la pâte *al dente* érigée en norme du bon goût incite l'industrie pastière à « commander » aux ingénieurs agronomes des variétés de blés qui donneront des pâtes solides, autrement dit des pâtes tendance !

PÂTES « FURIEUSES »

La nouvelle « Le diable fait les couvercles, pas les marmites » de l'auteur italien Piergiorgio di Cara, publiée dans un recueil collectif intitulé *À table* (2004), détaille sa manière de préparer les *penne all'arrabbiata*, des *penne* rendues enragées par le feu du piment. À sa base d'oignons, d'huile d'olive, de tomates et de basilic, il ajoute une pincée de curry et de noix de muscade. En revanche, il bannit le sucre de la sauce tomate, dont il aime l'âpreté. Le sel, il l'ajoute à la sauce à la fin de la cuisson, sur le conseil de sa grand-mère, qui lui a appris un autre secret : remuer les pâtes à l'aide d'une cuillère en bois « parce qu'avec le métal la sauce et les pâtes prennent un goût ferreux ». C'est un fait que les Asiatiques, utilisateurs de baguettes de bois pour manger les nouilles ou le riz, ont intégré depuis des siècles à leur art culinaire.

DOIT-ON OU NON SALER L'EAU DE CUISSON ?

Certains affirment que le sel retarde le moment de l'ébullition et laisse un dépôt grisâtre sur les pâtes ; ils préconisent de saler la préparation lors du mélange avec la sauce. D'autres préfèrent saler l'eau de cuisson afin d'épicer la pâte intimement, jusqu'à son centre. Dans ce cas, ajoutez le sel quand l'eau commence à bouillir. Cela a pour effet d'interrompre l'ébullition ; quand elle reprend, versez les pâtes dans l'eau bouillonnante.

À LA FAVEUR DU DÉSAMOUR

Dans *Garder*, premier roman d'Anne Luthaud (2002), un gardien de phare passe une petite annonce : il invite qui veut à venir lui raconter des légendes ou des souvenirs. Plusieurs personnes répondent à son appel. L'une d'elle raconte son histoire sous la forme d'une recette, à préparer « si un jour vous n'aimez plus ».

« D'abord, j'ai mis une casserole d'eau à chauffer. J'ai salé l'eau, ajouté un filet d'huile d'olive. Puis j'ai pris une poêle en fonte. J'y ai fait revenir quelques oignons dans l'huile d'olive. Quand ils ont commencé à fondre, je leur ai ajouté du jambon cru fumé, coupé finement. J'ai laissé réduire le tout. Lorsque l'eau a bouilli, j'y ai jeté les pâtes, des "faveurs" (je les avais choisies pour le nom). Les pâtes cuites et égouttées, le mélange oignon-jambon cru était revenu, doré. J'ai versé les pâtes dans la poêle pour les faire légèrement griller et qu'elles s'imprègnent du mélange. J'ai laissé mijoter le tout à feu très doux. [...] Je me suis assise devant la fenêtre et j'ai mangé en buvant un verre de vin blanc. C'était délicieux. »

La cuisson idéale

Pour faire cuire les pâtes, il faut une grande casserole et beaucoup d'eau, car celle-ci sera en partie absorbée par les pâtes. Comptez environ 1 litre d'eau pour 100 grammes de pâtes, et 65 grammes de pâtes par personne en entrée ou 125 grammes pour un plat principal. Jetez les pâtes dans le faitout sans les morceler. Les pâtes longues cerclent d'une couronne claire les bords de la casserole, puis elles s'affaissent dans l'eau une fois leur base assouplie par la chaleur. Elles plongent comme si elles étaient dotées d'un mouvement propre, et semblent alors presque vivantes...

L'arrivée des pâtes refroidit l'eau. L'ébullition cesse alors durant quelques secondes ; au moment où elle reprend, commencez à décompter le temps de cuisson. Les spaghettis *al dente* cuisent en 8 minutes, les *capelli d'angelo* en 2 minutes. Les *linguine* nécessitent 11 minutes de cuisson, les *conchiglioni* et les *lumaconi* 13 minutes, les épais *udon* japonais et coréens 11 minutes quand ils sont secs et 3 minutes quand ils sont frais. La *pasta fresca* italienne cuit aussi en 2 à 3 minutes.

Désireux d'abaisser le temps de cuisson des pâtes pour les adapter à l'urgence de la vie moderne, des industriels proposent des pâtes sèches évidées, notamment des spaghettis tubulaires, prêts en 2 à 3 minutes. L'invention de pâtes très minces cuisant au four dans le jus d'un plat tout préparé en cours de réchauffage poursuit exactement le même but : raccourcir le temps de préparation. Mais a-t-on toujours nécessairement besoin et envie de ne pas prendre son temps ?

Pendant la cuisson, tournez les pâtes dans l'eau de temps à autre : vous les empêcherez ainsi de s'agréger entre elles, en particulier les nids de pâtes fraîches asiatiques, dont les fils ont tendance à s'emmêler ; vous pouvez aussi ajouter à l'eau un peu d'huile ou de vinaigre d'alcool afin d'éviter que les pâtes ne collent. L'adhérence des brins entre eux signale une cuisson trop longue, excessive, qui au final désintégrera les pâtes. Si ces dernières sont de médiocre qualité, issues de semoules passables ou d'une pastification ratée ayant désintégré leur réseau protéique, elles risquent aussi de se déliter dans l'eau bouillante, même après un laps de temps très court. La cuisson provoque la gélatinisation de l'amidon contenu dans les pâtes, ce qui le rend comestible. Au cours du processus, les pâtes sèches absorbent environ deux fois leur poids en eau. Les pâtes fraîches cuisent plus vite : leur poids est multiplié par deux et demi, alors que celui des pâtes sèches triple. Les spécialistes définissent la texture des pâtes cuites en recourant à la rhéologie, cette branche de la mécanique qui étudie le comportement des matériaux soumis à des contraintes et à des déformations. Ils calculent scientifiquement la fermeté, la viscosité et l'élasticité de la pâte au terme de ce traitement hydrothermique brutal que constitue la cuisson.

Quand nous ne sommes pas rhéologues, cette évaluation, nous la confions à nos dents, à notre palais, à nos lèvres et à notre langue, nos seuls instruments de mesure. Selon nos préférences personnelles, nous retiendrons une pâte coriace, dont l'éclatement libère des odeurs de farine et de boulangerie, ou bien une pâte lascive, qui s'abandonne sans tenue dans la bouche, où elle parvient presque désintégrée.

Parfois, le test de cuisson laisse l'expérimentateur dubitatif. Lorsque les pâtes ont une épaisseur variable, comme les *farfalle* par exemple, le doute s'insinue dans l'esprit du goûteur. Le corps plissé du papillon et les extrémités des ailes délicates ne peuvent en effet avoir la même consistance à la fin de la cuisson. Cherchera-t-on à obtenir un cœur tendre au prix d'un ramollissement excessif des ailes, ou bien un cœur de pierre et des ailes à la vigueur papillonnante ? À chacun de décider.

Quand vous retirez les pâtes du feu, égouttez-les dans une passoire. Veillez à secouer énergiquement les pâtes trouées afin d'éliminer complètement l'eau stockée dans les creux. Ne laissez pas trop longtemps les pâtes dans la passoire, sinon elles s'agrégeront les unes aux autres. Si ce sont des pâtes fraîches asiatiques, passez-les à l'eau froide pour éliminer l'amidon avant de les accommoder. Assaisonnez les pâtes avant qu'elles ne refroidissent (à moins que vous ne les destiniez à une salade ; dans ce cas, refroidissez-les sous l'eau avant d'ajouter les condiments). Ne mettez pas trop de sauce : celle-ci doit juste enduire les pâtes et non les submerger.

Sur la langue

Alors que l'essai de cuisson s'effectue rapidement, en mâchonnant une pâte brûlante sans assaisonnement, la dégustation finale autorise une exploration *in extenso* des propriétés de la pâte. Les *conchiglioni* procureront une sensation de rondeur étonnante et douce. On palpera du bout de la langue la face striée du coquillage, finement aromatisée par le passage de la sauce, puis la cavité de la conque, emplie de légumes ou de chair. Selon leur configuration et leur texture, les pâtes capturent diversement la sauce.

CANDELONI APPELÉS AUSSI CIERGES, VÉRITABLES « TUNNELS » DE SAUCE.

Les tubes conviennent aux sauces grasses, épaisses, et les pâtes longues ou très courtes aux sauces coulantes. Les silhouettes tubulaires emprisonnent la sauce en leur sein, tandis que les pâtes cannelées la retiennent en surface grâce à leur ornementation antidérapante. La sauce circule de manière différente sur les pâtes lisses (*lisci*) ou striées (*rigati*) et à l'intérieur des formes tubulaires, qu'il faut bien égoutter sinon le reliquat d'eau, en diluant la sauce, risque de la gâcher. Cette recommandation vaut également pour les pâtes fendues, tels les *strozzacavalli* de Calabre, longs rubans de pâte enroulés sur eux-mêmes, qui s'entrouvrent légèrement pendant la cuisson et laissent entrer la sauce par endroits.

La sensation de vide sous la dent qu'éprouve le mangeur de pâtes creuses est vite contrebalancée par la présence de la sauce captive ou de sa trace, l'assaisonnement effectuant un va-et-vient dans le canal de pâte, rivière de parfums charriant de minuscules galets de saveurs déposés çà et là. Cette émotion est réservée aux amateurs de *pasta*, les pâtes asiatiques étant toujours pleines ou farcies. À rebours de la sensation courbe des coquillages ou des escargots de pâte, les tagliatelles de riz et de tapioca, utilisées pour faire le *pho* vietnamien ou les *harusame* gélatineux, glisseront facilement entre les lèvres. La consistance élastique des nouilles de tofu nécessite une gymnastique masticatoire différente. Au lieu de l'émotion fluide du *somen*, la pâte de soja impose sa volonté pneumatique, à vaincre… par les dents !

Les spaghettis embobinés sur la fourchette se déposent dans la bouche en cylindres flexibles, et notre perception des pâtes longues oscille sans cesse entre le plaisir de l'unité et celui de la multitude. L'ensemble des pâtes filiformes provoque un effet de masse, jumelé au message ténu émis par la finesse de chaque pâte. Les dents s'enfoncent dans une purée plus ou moins souple selon la cuisson, ou bien elles s'attaquent à des pâtes croquantes, par exemple ces *chow mein* frits, souvent ajoutés aux salades asiatiques, ou ces croustillants *keiran-somen*, fils de miel et de jaune d'œuf (*keiran* signifie « œuf de poule ») roulés en écheveaux. Les *keiran-somen* ne sont pas des pâtes à proprement parler, selon nos normes, mais les Japonais les considèrent comme telles et les mangent en guise de dessert.

À la différence de ces pâtes tribales, longues ou minuscules, toujours en bandes, d'autres exigent une attention personnalisée, un tête-à-tête avec le dîneur, qui les attrape une à une avec sa fourchette ou ses baguettes. C'est le cas des coquillages, des escargots, des grands *farfalle* et, surtout, des pâtes fourrées, comme les raviolis, auteurs d'un triple émoi en une unique bouchée : l'impression liquide ou granuleuse de la sauce, la caresse de la feuille de pâte et l'onctuosité de la farce. Amalgamés en une purée unitaire par la mastication, ces trois paliers du plaisir déchaînent un crescendo de flaveurs – saveurs et odeurs mêlées, rassemblées sous ce néologisme emprunté à la langue anglaise (*flavour*) – avant que ce bouquet aromatique ne disparaisse dans notre estomac.

Douceur des saveurs

Comme le riz ou les pommes de terre, les pâtes possèdent un goût fin, suave, voisin de la neutralité, qui les rend aptes à presque toutes les alliances. Jadis, on les mangeait saupoudrées de sucre et de safran. Aujourd'hui, les pâtes sont considérées comme des mets salés, hormis chez quelques grands chefs. Elles sont servies en *primo* ou en plat de résistance, et rarement en dessert, même s'il s'agit de tagliatelles à la noisette provenant d'Émilie-Romagne (excellentes avec un peu de sel, d'huile d'olive, d'herbes et de fromage), de tagliatelles aux myrtilles ou à la fraise (à servir avec du sel, du poivre et de la crème fraîche) ou encore des légendaires pâtes au chocolat. Certains cuisiniers proposent cette spécialité cacaotée en accompagnement d'un poisson blanc, une association victorieuse en matière d'arômes et, surtout, de présentation grâce au contraste des couleurs.

Cette indolence des pâtes pour ce qui est de leur saveur explique en grande partie leur succès. Entre les mains des grands cuisiniers, aussi bien que des moins confirmés, les pâtes s'accommodent de toutes les sauces ou s'apprécient seules (ou presque) pour leur bon goût de céréale. Lorsque, dans le roman de Maria Orsini Natale, Francesca succède à son grand-père à la direction de la fabrique de pâtes, elle exige la fine fleur des céréales. Elle voudrait n'employer que le blé dur de la mer d'Azov, le fameux taganrog. Francesca, la femme d'affaires impitoyable, répète amoureusement les appellations des blés : ardito, gentilrosso, tibisco, mentana, saragolla... Enivrée par cette comptine secrète, elle rêve de donner à des chevaux de prix les noms merveilleux des blés durs. Les blés dénudés engendrent, en bouche, une sensation ensoleillée, tandis que les pâtes de blé entier ont le goût de l'ombre et des noix fraîches. Au Japon, les gracieux *somen* sont confectionnés avec les meilleures farines et de l'eau de source, et l'ingrédient primordial n'est pas tant la matière solide que le liquide entrant dans la composition des pâtes. Ainsi, leur qualité résulte de celle de l'eau employée, de la même façon que la valeur du saké, cet alcool japonais obtenu par la fermentation du riz, dépend avant tout des vertus de l'eau de source utilisée dans sa confection.

Le riz chinois de Guilin (Guangxi) donnera des nouilles au goût subtil, à l'image de leur ingrédient de base. Les pâtes de tofu gardent le goût du soja frais. À l'inverse, les nouilles de haricot mungo n'auront pas plus de goût que de couleur. Dénuées de saveurs, elles absorbent celles des ingrédients avec lesquels elles sont préparées. Les *harusame* et les nouilles d'algues n'ont pas beaucoup plus de caractère : ils sont recherchés pour leur très basse teneur en calories, avoisinant zéro. Les *shirataki,* confectionnées à partir de *konnyaku*, sont également sans saveur : elles ne doivent leurs faveurs qu'à leur matière gélatineuse, fort appréciée en cuisine japonaise.

La différence de goût entre les pâtes sèches et les

FARFALLE.

PAGE 85 : AIL, TOMATE, PARMESAN ET BASILIC, LA GARDE RAPPROCHÉE DE LA *PASTA* ITALIENNE.

PARMESAN : LE COMPAGNON DES PREMIERS JOURS

Dès l'origine, les pâtes sont mariées au parmesan, fromage pressé, très sec, fait avec du lait de vache dans les régions de Parme, de Modène, de Bologne et de Mantoue, et donc principalement en Émilie-Romagne. Râpé, ce fromage safran d'appellation contrôlée, dont l'affinage nécessite plusieurs années, possède l'avantage de ne pas filer en fondant, contrairement au gruyère. On en saupoudre les pâtes, aussi agrémentées de sucre ou de cannelle au Moyen Âge et, surtout, à la Renaissance, amoureuse des saveurs sucrées. Le parmesan, comme les épices, peut aussi être mêlé à la farce des raviolis et des *tortelli* frits ou pochés. Il s'étage avec les pâtes et la sauce ou un jus de viande dans de nourrissantes timbales. Il truffe les cannellonis passés au four, nappés de sauce bolognaise, il se superpose aux lasagnes recouvertes de purée de tomates et de béchamel, il s'amalgame aux sauces blanches, il constelle les sauces rouges... et reste l'un des meilleurs alliés des pâtes, en cuisine ou sur la table, posé en bloc auprès d'une râpe.

TOMATE : L'AMIE AMÉRICAINE

Les Espagnols intègrent les premiers à leur cuisine ce fruit exotique nommé *tomatl* par les Aztèques. Les Napolitains suivent l'exemple à la fin du XVIe siècle, c'est pourquoi les premières recettes italiennes à la tomate sont dites « à l'espagnole ». Peu à peu, cette mention disparaît. Le coulis de tomates se diffuse partout dans le pays, enchantant par sa subtile acidité, compensée par la tempérance du blé et l'ajout éventuel, dans la sauce, d'une cuillerée de sucre. Au XIXe siècle, la tomate a conquis la cuisine italienne, dont elle est désormais indissociable, voire emblématique.

pâtes fraîches italiennes ou asiatiques divise les amateurs. Les aficionados de pâtes sèches reprochent aux pâtes fraîches un goût... pâteux. Les amoureux des pâtes fraîches rétorquent que cette sensation caractérise les pâtes fraîches de médiocre qualité. Les pâtes fraîches bien faites possèdent en effet un fondant savoureux totalement absent des formes sèches, qui permet une expérience gustative inégalée, proche de la béatitude.

Heureuses fusions

Certains additifs – toujours naturels, l'adjonction de parfums synthétiques étant interdite par les législations européenne et américaine, comme on l'a vu précédemment – bouleversent la saveur des pâtes. Le blé coupé de sarrasin, par exemple, joue une note forestière, livrant les effluves des bois après la pluie, une association au goût robuste, appréciée depuis longtemps par les Allemands. Au Japon et en Corée, cette combinaison est extrêmement courante. Raymond Oliver, alors qu'il voyageait au pays du Soleil-Levant, découvrit avec surprise et délice l'arôme de ces pâtes grises, rustiques, semblable à celui des galettes bretonnes. Comme le sarrasin, le quinoa ajoute une note forte aux pâtes de blé ; le Kamut® apporte une touche beurrée, de même que les œufs, qui rendent les pâtes encore plus réconfortantes.
L'incorporation de légumes ne modifie que légèrement le goût des pâtes sèches. Elle vise plus à les embellir qu'à les aromatiser. Les épices en revanche relèvent véritablement leur goût, comme le prouvent les produits de la marque française Fabre : tagliatelles au curry, ou aux épinards et à la muscade, ou encore à la tomate et au paprika. Par ailleurs, l'encre de seiche, à l'origine d'élégantes tagliatelles noires vénitiennes, et l'algue spiruline, qui laque les pâtes d'un vert océanique, transportent jusqu'aux assiettes les effluves lointains des vents marins, parfaits pour accompagner les plats de poisson ou de crustacés.
Dans le domaine de la pâte fraîche ou de la pâte artisanale, les légumes ou autres substances ajoutées changent réellement le goût des pâtes. Les critiques culinaires polonais Robert Maklowicz et Piotr Bikont témoignent en 2004, dans le journal *Wprost*, de l'usage du potiron dans leur pays. Le premier raconte comment les pâtes au potiron se marient bien avec un plat d'agneau fortement aillé, tandis que le second décrit les pâtes « géniales » inventées par sa mère, qui cherchait sans relâche à mettre au point de nouvelles préparations : elle coupe d'abord le potiron en petits morceaux, qu'elle passe au four et réduit en purée ; elle chauffe cette préparation à la casserole pour faire évaporer le jus, puis elle ajoute un œuf, de la farine et de la ricotta ; la pâte durcit quelque temps au réfrigérateur avant que la cuisinière n'y découpe de petites pâtes à l'aide d'une cuillère ; elle jette dans l'eau bouillante « ces adorables petites choses », ensuite assaisonnées de beurre, de parmesan et de feuilles de sauge.
Par-delà les ingrédients, le processus de transformation lui-même, semoulerie ou meunerie, puis pastification, influence le goût des pâtes. Une pâte séchée trop vite, trop brutalement, gardera une odeur de brûlé. La saveur varie-t-elle aussi selon les silhouettes ? Certains le prétendent, même si c'est surtout le sens du toucher, et non plus le goût ou l'odorat, qui est sollicité par la bouche, à l'épreuve des configurations multiples des pâtes.

La danse des sauces méditerranéennes et orientales

La sauce enrichit et développe le goût des pâtes, drapées dans les voiles tourbillonnants des saveurs émollientes ou piquantes. Elle sera courte ou longue selon qu'il y a plus de pâtes que de sauce ou l'inverse. La sauce courte est typique de la *pasta* italienne et la longue, de la cuisine asiatique, même si les deux modèles coexistent dans ces deux cultures et se prêtent à d'innombrables recettes.
Au Moyen Âge, l'assaisonnement des pâtes en sauce courte (*pasta asciutta*) ou des pâtes sèches, cuites longuement dans un bouillon d'eau, de viande ou de lait d'amande, se résume à un simple saupoudrage de sucre ou de miel, de safran, de cannelle, de gingembre, de clou de girofle ou de noix de muscade. Ibn Razin al-Tujibi, auteur d'un recueil de recettes arabo-andalouses, conseille de cuisiner les « petites pâtes » dans un bouillon de viande de mouton ou de poule, huilé, salé, poivré, enrichi d'oignon et de coriandre. « Entre-temps, on fait frire à la casserole la viande déjà cuite, dans du beurre frais ou salé, jusqu'à ce qu'elle rissole. On sert les pâtes dans une soupière, on place sur elles la viande, on saupoudre de cannelle, gingembre et on mange. »
En Espagne, de nos jours, on continue à manger des pâtes en bouillon, de même qu'en Amérique latine. Au Chili, par exemple, on prépare une soupe dénommée *pantruca* ou *pancutra* selon les régions,

PASTA SOPHIA

Enceinte de son fils Carlo, Sophia Loren se repose dans une chambre d'hôtel à Genève en 1968. En attendant l'heureux événement, elle se met aux casseroles et mitonne des petits plats qu'elle dévoile dans *la Cuisine à l'italienne*, livre publié à Milan en 1971. L'ouvrage consacre un important chapitre aux pâtes, auxquelles la star attribue le secret de sa splendide silhouette. « Tout ce que vous voyez, je le dois aux spaghettis », se plaît en effet à répéter Sophia Loren, qui aime les spaghettis assaisonnés d'ail et d'huile, ou de sauce tomate, ou encore d'un peu d'ail, de crème et de quelques zestes de citron. L'actrice prépare aussi les pâtes avec des anchois, du piment, des champignons, des courgettes, des artichauts ou de l'aubergine, poêlée, découpée en longs quartiers rattachés à la queue et servie étalée sur les pâtes comme une fleur. S'inspirant du pesto, elle invente les *trenette* ou *linguine* « à la sauce Sophia », à base de persil haché (et non de basilic) mélangé avec de l'ail, des olives, des câpres et de l'oignon. Une fois les pâtes cuites *al dente* et égouttées, Sophia Loren les passe à la poêle afin qu'elles sèchent légèrement, sans perdre toutefois leur souplesse. Versées dans une soupière, les *trenette* sont mélangées à la sauce, saupoudrées d'une dernière pincée de poivre et apportées fumantes sur la table.

LES PIGNONS DE PIN DONNENT AU *PESTO* UNE AMERTUME DOUCE, DÉLECTABLE.

PAGE 87 : LA SAUCE TOMATE, AUTRE INCONTOURNABLE DE LA *PASTA*, RECHERCHÉE POUR SES NOTES ACIDES.

qui contient des *gachas*, petites pâtes de semoule de blé dur préparées à la maison. Le pâton est étalé au rouleau, puis découpé en rectangles que l'on précipite dans un bouillon de bœuf.
En Tunisie, les *rishta* sont versées dans la marmite, avec de l'eau chaude, quand la viande – préalablement mitonnée avec des pois chiches, des fèves, des carottes, des navets, du poivre, du coulis de tomates et de la harissa – est cuite. Le ragoût continue à mijoter sur le feu jusqu'au moment où les tagliatelles ont absorbé le jus de cuisson. Le repas est alors prêt à être servi. Dans les autres pays arabes, plus amateurs de semoule, de boulgour et de riz, les pâtes sont en général associées à des ragoûts, comme le *logman* d'Arabie saoudite, fait avec de la viande d'agneau parfumée au cumin et servie avec les *idam*, spaghettis locaux. Il existe aussi des recettes de pâtes gratinées au four, comme ces macaronis à la béchamel préparés, au Liban, avec de la viande et des pignons de pin, ou ces spaghettis syriens, cassés en quatre, cuits puis passés au gril, mélangés avec du fromage et parsemés de miettes de pain, ce qui rend la préparation croustillante.
Jusqu'au XXe siècle, les familles italiennes modestes mangent souvent les pâtes noyées dans la soupe. Cette *minestra* paysanne, liée à un mode de vie agricole, puis ouvrier, est moins répandue de nos jours mais toujours présente, notamment grâce à la soupe de légumes lombarde, étoilée de *ditalini* (*minestrone di verdure*). La *pasta asciutta*, dont les recettes se sont multipliées au fil de l'histoire, domine désormais en Italie comme dans les autres

pays adeptes de la pâte italienne. Au parmesan et à la tomate, ingrédients majeurs des sauces courtes, s'ajoutent des dizaines d'autres assaisonnements. Au XVe siècle dans les familles aisées, le beurre, venu d'Europe septentrionale, est mélangé avec les pâtes, et surtout avec le fromage, qu'il adoucit. Chez les pauvres, les pâtes se mangent assaisonnées d'ail et d'huile d'olive. Au XIXe siècle, naît à Gênes le *pesto*, mélange d'ail et de basilic haché, auquel seront ajoutés plus tard des pignons de pin. Certaines préparations deviennent des classiques et font le tour du monde : spaghettis à la bolognaise (tomate, carotte, céleri, vin rouge, ail, oignon, laurier), spaghettis *alla carbonara* (œufs et lardons), *trenette alla genovese* (*pesto*), lasagnes à la béchamel, tagliatelles au gorgonzola, *penne all'arrabbiata* (tomate et piment)... Et la liste n'est pas close ! Si, jusqu'à maintenant, la tradition voulait qu'à chaque forme de pâte corresponde un répertoire de recettes particulières, désormais l'inventivité ne connaît plus de bornes. Partout les chefs aussi bien que les ménagères innovent, les pâtes s'accommodant aussi bien des fruits de mer que des truffes, du foie gras, de la poutargue, des piments ou seulement d'un peu d'huile d'olive.

Délices d'Asie

Viande, pousses de soja et herbes aromatiques (basilic chinois, coriandre, ciboule ou citronnelle) parfument souvent les bouillons de nouilles asiatiques. Les associations varient à l'infini en matière de sauces, aussi bien salées que pimentées ou aigres-douces. Les nouilles en robe courte sont sautées à la poêle ou au wok avec des légumes verts et des aromates. Au Myanmar, le *lethok sone* s'apparente à une sorte de buffet végétarien. Sur un grand plat sont disposés des vermicelles de soja, du riz, des tranches de tofu grillé, de la papaye verte râpée, des lamelles de pomme de terre et des champignons noirs. Les convives se servent selon leur envie et assaisonnent cet assortiment de sauces et de condiments variés (citrons frais, graines de sésame grillées ou sauce de poisson) disposés autour du plat principal. Cette spécialité est parfois accompagnée d'une soupe à la courgette. Dans le fameux *mohinga*, qui peut être considéré comme le plat national myanmar, les vermicelles de riz sont versés dans une soupe de poisson, préparée avec du lait de coco, de la citronnelle, de l'ail, du gingembre et des piments. Le tout est dégusté avec des œufs durs, des rondelles d'oignon cru, des oignons émincés et frits, du citron

PIMENT, CORIANDRE ET SAUCE SOJA : L'ESCORTE DES NOUILLES ASIATIQUES.

et du piment, que chacun ajoute selon son plaisir.
Au Cambodge, les vermicelles de riz sont frits et accommodés en salade avec des germes de soja, du tofu, des crevettes, de l'omelette, des poivrons, du paprika et du jus de citron. La cuisine thaïlandaise comporte également une spécialité de vermicelles de riz sautés à l'huile d'arachide, avec des crevettes, du poulet et de l'omelette. Le tout est servi chaud et accommodé avec une sauce aigre-douce. Le *pat* thaï, préparé avec des nouilles de riz, plus épaisses que les vermicelles, est probablement le plat de pâtes de la gastronomie thaïlandaise le plus connu à l'étranger. Réputé pour sa triple saveur, acide, douce et salée, il se compose de nouilles de riz sèches, cuites au wok avec du tofu, des pousses de soja, de la ciboule, du radis blanc, du sucre, de la sauce de poisson et du citron vert. Le tout est servi avec du piment pilé et des cacahuètes écrasées.
En Corée, les nouilles de sarrasin sont présentées immergées dans un bouillon de bœuf ou d'anchois, aromatisé d'algues et de sauce soja, ou bien dans un grand bol garni de morceaux de bœuf frits, de concombre, d'œuf et de bouillon de bœuf glacé. Les nouilles de haricot mungo sont plongées dans un bouillon de poule pimenté, tandis que les raviolis (*mandu*), farcis de chou, de soja et de poireau, peuvent être servis tels quels ou flottant dans un bouillon de viande et de légumes.
En Chine, les raviolis à la crevette sont apportés à table dans les paniers d'osier dans lesquels ils ont cuit à la vapeur ; ils peuvent aussi être noyés dans un grand bol de bouillon, contenant éventuellement des nouilles. Parmi les nombreuses soupes chinoises, relevons le potage d'huîtres, additionné de lamelles de bœuf et de quelques oignons, puis versé sur des pâtes fraîches, ou ce bouillon de bulots cuits avec des oignons blancs et de la tomate, répandu sur des vermicelles de riz. Les nouilles sont servies en salades froides, avec du concombre, parfumées d'ail, de gingembre, de vinaigre, de piment et d'huile de sésame, ou bien sautées avec des légumes, des viandes émincées et de la sauce soja dans le fameux chop suey. Le *cao mien* propose une autre version des nouilles sautées : préparé avec des tagliatelles de blé, et non plus des vermicelles de riz comme le chop suey, ce plat associe porc, champignons noirs, poireaux, pousses de soja, poivrons, crevettes et oignons verts.
La cuisine indonésienne possède un plat proche, le *mie jawa*, ou nouilles sautées à la javanaise, dans lequel le porc est remplacé par du bœuf. Les nouilles sautées peuvent aussi être accommodées avec du poulet, des amandes et de la sauce soja en Indonésie.
Au Japon, le *ramen* est préparé de trois manières : accommodé à la sauce soja, au sel ou au *miso*, une pâte de soja fermenté. Dans l'île d'Hokkaido, considérée comme le royaume du *ramen*, se déguste une spécialité de nouilles au beurre et au lait. Les *tonkotsu ramen*, originaires de l'île de Kyushu, au sud du Japon, sont servies dans un bouillon de porc et de poulet qui a cuit durant dix heures ! L'été, les restaurants japonais servent des *reimen*, ou *ramen* froids, sans bouillon, dont le mot est formé de *rei*, « froid », et de *men*, « pâtes ». Les nouilles sont dégustées avec du concombre, de la tomate et du jambon, et arrosées de sauce au sésame. Les restaurateurs annoncent par une grande pancarte de tissu que les *reimen* sont au menu. À la vue de ces étoffes imprimées suspendues aux façades, les Japonais savent que l'été est arrivé. Ces réclames tiennent lieu d'étendard à la belle saison, de même que les *somen* ; ces pâtes, très pures, sont toujours servies froides avec une sauce au soja et au poisson séché disposée dans une coupelle, dans laquelle on les trempera avant de les avaler. On peut aussi présenter les *somen* avec des piments, des radis, du *wasabi*, des amandes, des noix de cajou, du sésame grillé ou des herbes aromatiques. Le *soba* également peut être mangé froid, en *mori soba*, apporté sur un plateau de bambou, dans une boîte en laque, avec un bol de sauce et un peu de *wasabi*, ce condiment vert très relevé aussi appelé « raifort du Japon ». Quand le *soba* est parsemé d'algues sèches, il se nomme *zaru soba* et coûte plus cher. Si les pâtes peuvent atteindre des prix faramineux au Japon, elles sont aussi l'un des snacks les moins chers et les plus populaires. Même bon marché, elles engendrent une vraie gastronomie.

La « pâtonomie », apothéose de la gourmandise

Dans la troisième séquence du film *Tampopo*, un vieux Japonais est installé au comptoir d'un bar à nouilles. Il explique à un jeune homme, assis à côté de lui, la manière de déguster une soupe de *ramen*. Expert dans cet art, qu'il dit pratiquer depuis quatre décennies, l'ancien transmet au novice, avide de savoir, sa méthode élaborée au fil des ans. Le jeune questionne impatiemment : « D'abord le bouillon ou d'abord les pâtes ? » Le gastronome pose qu'il faut observer la soupe en premier lieu, et cette

NOUILLES CHAUDES PRÊTES À ÊTRE SERVIES, ARROSÉES DE SAUCE, SUR UN STAND À OUROUMTSI, DANS LE XINJIANG, EN CHINE.

contemplation sera passionnée. La deuxième étape sollicite le toucher et non plus la vue. Du bout des baguettes, le dégustateur caresse le sommet de la préparation afin d'appréhender la texture. Ensuite seulement il mange, d'abord les nouilles, puis le bouillon. Il faut manger très vite, en émettant des bruits de succion et de mastication, comme il se doit en Asie pour exprimer sa satisfaction.

Cette scène cinématographique témoigne d'un fait réel au Japon : l'existence d'une culture authentique du *ramen*, dotée de critiques culinaires à la méthodologie précise et au vocabulaire fleuri. On dit de ces spécialistes qu'ils « écoutent » la soupe de *ramen*. Pour eux, le rituel de cette dernière s'apparente à la cérémonie du thé. Ces connaisseurs pratiquent avec précision la « pâtonomie », ou science des pâtes succulentes, néologisme que nous vous proposons aujourd'hui d'ajouter au dictionnaire, deux siècles après la création du terme « gastronomie », imaginé en 1801 par le poète Joseph de Berchoux pour titrer quatre chants s'achevant par ces mots : « Jamais un poème ne valut un dîner. »

Dans les pâtes de blé tendre, tout « pâtonome » digne de ce nom devrait pouvoir deviner quel blé a été broyé, comme le père Goriot, héros éponyme du roman (1835) d'Honoré de Balzac, ancien « fabricant de vermicelles, de pâtes d'Italie et d'amidon », savait, en flairant le pain, reconnaître le type de farine dont il était fait. À la couleur claire, ambrée, des pâtes de blé dur, le pâtonome reconnaîtra instantanément le blé de qualité, la pastification réussie, l'empreinte poudreuse de la rugosité du moule en bronze. Il pratiquera avec science la cuisson des pâtes et la préparation des sauces. Il se réunira périodiquement avec d'autres adeptes afin d'exalter leur passion commune, qui culminera parfois dans une forme extrême : la « pâtolâtrie », ou culte fervent des bonnes pâtes.

Les « pâtolâtres » en assemblée honoreront leurs prédécesseurs, maîtres dans l'art des pâtes, tel Zhu Ziye, gastronome de Shangaï décrit par l'écrivain chinois Lu Wenfu dans son roman titré d'après le nom de ce gourmet et publié en 1989. Pour Zhu Ziye, « l'art de la table, comme toutes les autres formes d'art, exige une maîtrise parfaite du temps et de l'espace ». Levé de bonne heure, l'amateur se débarbouille rapidement et court jusqu'au restaurant de nouilles nommé Chez Zhu Hongxing, en face du jardin de la Tranquillité. Il veut arriver tôt dans cet établissement réputé afin de déguster les nouilles « de première cuisson », c'est-à-dire des nouilles cuites dans une eau servant pour la première fois. « La même eau de cuisson servait à faire un millier de bols, explique Lu Wenfu ; à la fin, c'était un véritable empois, et les nouilles n'avaient plus aucune fraîcheur ; elles se mettaient en paquet et prenaient un goût de farine crue. Si Zhu Ziye avait dû en avaler un bol, il en aurait été alourdi pour toute la journée. Un jour de gâché ! » Pour éviter cette déconvenue, le gourmet s'éveille avant l'aube et file aussitôt jusqu'à son restaurant préféré. Là, il commande un bol de nouilles « sur l'autre rive », où la sauce est présentée à part sur une assiette, ce qui oblige le gastronome à « faire le pont » entre le condiment et le bol de nouilles. Le sympathique personnage de Goro, ce camion-

À LA TERRASSE D'UN RESTAURANT DE *PHO* À HO CHI MINH VILLE, AU VIÊT-NAM.

PAGES 92-93 : FEMMES DE L'ETHNIE MIAO À ANSHUN, PROVINCE DU GUIZHOU, EN CHINE.

neur qui aide Tampopo à perfectionner sa soupe, mérite lui aussi une place d'honneur au panthéon des pâtonomes. Grâce à lui, la cuisinière comprend que ses nouilles « manquent de tonus, de corps », comme son bouillon ; or le bouillon, « c'est l'âme des nouilles », d'après Goro. Le routier gourmet entraîne Tampopo afin qu'elle parvienne à la perfection dans le domaine primordial de la soupe aux nouilles. Il lui fait subir un entraînement physique (jogging et gymnastique) car, pour transporter les marmites, il faut de la force ! Goro minute les gestes de Tampopo en cuisine : toutes les phases de la préparation doivent en effet s'enchaîner dans un ordre précis, avec rigueur. Prête à tout pour atteindre son but, même à espionner et à corrompre, Tampopo suit tous les conseils de Goro et travaille avec acharnement. Un jour, elle se sent prête à affronter le jugement de son mentor et celui de son équipe. Le suspens est terrible, un roulement de grosse caisse accompagne la dégustation décisive. Les juges ne soufflent mot : ils se contentent de manger. Ils boivent le bouillon jusqu'à la dernière goutte, sans reprendre leur respiration. Victoire !

Ce qui est bon se mange effectivement sans distraction, avec recueillement. C'est cette attention que réclame madame Sandoz dans *l'Œuvre* (1886),

d'Émile Zola, pour les « raviolis à l'italienne », spécialité insérée dans le menu aux côtés d'autres « curiosités gastronomiques venues des quatre coins du monde », telles que les gélinottes de Russie ou le caviar. Soucieuse de « tenir la maison sur un pied de chère très délicate, par tendresse pour son mari, dont la gourmandise était le seul vice », madame Sandoz demande le calme pour accueillir ces mets d'exception. Sa supplique est entendue : ses hôtes cessent leur amère dispute à propos d'art et de carrière pour faire honneur aux raviolis.

Déjà, entre le IIe et le IVe siècle de notre ère, le poète chinois Hong Junju pointait, dans sa *Proclamation sur l'alimentation*, cette concentration doublée d'une hâte goulue quand il dégustait des « *bing* à l'infusion de thé » :

Dans un demi-bol de potage
On les avalait d'un trait.
Après dix bols d'affilée
Le sourire venait aux lèvres, le corps se détendait.

La délectation gastronomique s'apparente en effet à une tornade passionnée, seulement apaisée par le désir repu. Le poète chinois Shu Xi, alors qu'il dégustait des *laowan* au IIIe siècle, décortique cette bourrasque exaltée de la gourmandise :

Pour les tremper dans une sauce noire
On s'en saisit avec des baguettes d'ivoire
La taille tendue comme un tigre aux aguets
Genoux serrés, côté contre côté.
Les plats, à peine servis, sont déjà vidés
Les cuisiniers défilent et redoublent d'activité.
Leurs mains sont encore occupées
Que de nouvelles demandes sont arrivées
Lèvres et dents sont accordées
La bouche avale sans difficulté. Il faut trois paniers
Pour que le tourbillon s'inverse et marque un arrêt.

En Sicile, la même passion gourmande unit les hôtes du prince de Salina dans le fameux *Guépard*, de Giuseppe Tomasi di Lampedusa (1896-1957), merveilleusement incarné à l'écran par l'acteur américain Burt Lancaster dans le film de Luchino Visconti, palme d'or au Festival de Cannes en 1963. Ce soir-là, dans son palais de Donnafugata, au cœur de la campagne sicilienne, le prince reçoit la belle Angélique, future épouse de son neveu Tancrède, qu'il voit pour la première fois. À la place du potage, prescrit en entrée par la grande cuisine en ce milieu de XIXe siècle, le prince sert à ses hôtes une « majestueuse timbale de macaronis dans un immense plat d'argent ». « L'or bruni de la surface, le parfum de sucre et de cannelle qui s'en dégageait n'étaient que le prélude des délices que révélait l'intérieur dès que le couteau entamait la croûte : il s'échappait d'abord une fumée d'arômes, et puis l'on découvrait les foies de volaille, les œufs durs, les truffes, les filets de jambon et de poulet, perdus dans la masse onctueuse et chaude des macaronis coupés, à qui l'extrait de viande donnait une précieuse couleur chamois. » Les dîneurs dégustent ce régal avec avidité, ignorant que, « si le repas leur semblait si exquis, c'est qu'une atmosphère sensuelle avait envahi la maison ». Les joies de la dégustation sont en effet multipliées par le trouble voluptueux déclenché par la beauté de la jeune Angélique. À chaque bouchée, Tancrède imagine la saveur des baisers de sa voisine, qui mange gaillardement les pâtes en tenant la fourchette à mi-manche, sans plus penser aux bonnes manières apprises au couvent. Désir et gourmandise se fondent. Le plaisir s'épand autour de la table, silencieusement, laissant les convives « paisibles et contents ».

Toutes les époques ont connu et connaîtront encore cette félicité qui succède à l'ivresse dense, hoquetante, du bon repas. Hector Bianciotti met en scène cette tempête des sens dans son roman intitulé *le Pas si lent de l'amour* (1995). Le narrateur, reçu à Naples chez des amis, attaque des tagliatelles au poulpe : « On ne les mâchait pas, on les engloutissait, on aspirait celles qui fouettaient le menton, à la seconde disparues, vivantes, entre langue et palais. Et la conscience finit par sombrer dans une volupté commune ; nous n'étions plus ni Rose, ni Mimmo, ni moi, ni Renza, mais un unique palais, un plaisir identique, dans un accord parfait ; un petit orchestre si l'on veut, jouant des sens, de nos jus, de nos baves, de nos chaleurs, avec, au ralenti, des bruits goulus de succion et le regret d'avoir déjà mangé. »

Par bonheur, le plaisir de la table est resservi chaque jour. Inépuisable, sans cesse recommencé, il nous offre des centaines, des milliers d'occasions de parvenir à l'extase, et la pâtonomie décuplera notre ravissement car le savoir met autant que les plats l'eau à la bouche en affinant notre capacité de jouir. Sans crainte, livrons-nous à ce que Brillat-Savarin appelle, dans sa *Physiologie du goût* (1825), la « gourmandise sociale », qui « dispose avec sagacité, fait exécuter savamment, savoure avec énergie et juge avec profondeur », et de surcroît cimente l'échange, donc le bonheur de vivre en société. Passons donc maintenant tous ensemble en cuisine puis à table, parés de notre science nouvelle. Chers pâtonomes, bon appétit !

SUR UN MARCHÉ DANS LA PROVINCE DU YUNNAN, EN CHINE.

6
Recettes de Benoît Bordier

Pâte traditionnelle

500 g de farine de blé
9 œufs
50 g d'huile d'olive
5 g de sel fin

Mettez tous les ingrédients dans la cuve de votre robot mixeur, puis mixez jusqu'à l'obtention d'une pâte homogène.
Formez une boule avec la pâte, farinez-la légèrement, disposez-la dans un torchon et laissez-la reposer au réfrigérateur pendant 3 à 4 heures.

Conseils : ne mixez pas la pâte trop longtemps, cela lui donnerait de l'élasticité. Sortez-la du réfrigérateur 30 minutes avant de la travailler dans le laminoir à pâte. L'utilisation d'un batteur-mélangeur, pour les personnes en possédant un, est préférable à l'utilisation du robot mixeur.

Pâte au saindoux

500 g de farine de froment
(ou de farine de blé)
80 g de saindoux fondu
6 g de sel fin
400 g d'eau bouillante

Mettez la farine, le saindoux et le sel fin dans la cuve de votre robot mixeur, puis mixez en versant petit à petit l'eau bouillante.
Arrêtez lorsque la pâte est homogène, débarrassez-la dans un saladier et « écrasez-la » délicatement avec le plat de la main pendant 20 secondes.
Disposez-la dans un torchon et laissez-la reposer pendant 3 à 4 heures au réfrigérateur.

Conseil : une fois cuite, cette pâte est très fondante ; elle est donc idéale pour la réalisation de ravioles maison.

Pâte à la farine de sarrasin

200 g de farine de sarrasin
(ou blé noir)
275 g de farine de blé
130 g d'huile d'olive
4 œufs entiers
5 g de sel fin

Mettez les deux farines, l'huile, les œufs et le sel dans la cuve du robot, puis mixez jusqu'à l'obtention d'une pâte parfaitement homogène.
Formez une boule avec la pâte et farinez-la légèrement, puis disposez-la dans un torchon et laissez-la reposer au réfrigérateur pendant 3 à 4 heures.

Conseils : évitez de mixer la pâte trop longtemps, cela lui donnerait de l'élasticité. Sortez la boule de pâte du réfrigérateur 30 minutes avant de la travailler dans le laminoir. L'utilisation d'un batteur-mélangeur, si vous en possédez un, est préférable à l'utilisation du robot mixeur.

Pâte à la farine de châtaigne

200 g de farine de châtaigne
275 g de farine de blé
130 g d'huile d'olive
4 œufs entiers
5 g de sel fin

Mettez les farines, l'huile, les œufs et le sel dans la cuve de votre robot mixeur, puis mixez jusqu'à l'obtention d'une pâte homogène et formez-en une boule.
Farinez légèrement la pâte, disposez-la dans un torchon et laissez-la reposer au réfrigérateur pendant 3 à 4 heures.

Conseils : ne mixez pas la pâte trop longtemps, cela lui donnerait de l'élasticité. Sortez-la du réfrigérateur 30 minutes avant de la travailler dans le laminoir à pâte. L'utilisation d'un batteur-mélangeur, pour les personnes en possédant un, est préférable à l'utilisation du robot mixeur.

Pâte imprimée d'herbes

300 g de farine de blé
200 g de semoule de blé dur (très fine)
3 jaunes d'œuf
3 œufs entiers
1 botte d'estragon
1 botte de cerfeuil
1 botte de persil
50 g d'huile d'olive

Faites cuire les herbes ensemble dans une grande quantité d'eau bouillante pendant 30 secondes, puis égouttez-les et hachez-les très finement.
Prélevez-en la moitié et mixez-la avec les œufs entiers et les jaunes. Ajoutez l'autre moitié des herbes à la farine et à la semoule de blé dur.
Réunissez le tout dans la cuve de votre robot, mixez jusqu'à l'obtention d'une pâte homogène et laissez-la reposer pendant 3 à 4 heures au réfrigérateur avant de la travailler dans le laminoir à pâte.

Conseils : essorez les herbes cuites entre deux feuilles de papier absorbant avant de les ajouter à votre préparation. Vous pouvez réaliser la recette 100 % tagliatelles (page 148) avec la pâte imprimée d'herbes.

Soupe à l'oignon et ventrèche poivrée, coquillettes au beaufort

Pour 4 personnes

2 litres de bouillon de poule ou de bouillon de pot-au-feu
5 oignons
4 gousses d'ail
1 branche de thym
1 feuille de laurier
20 cl de vin blanc
6 tranches très fines de ventrèche poivrée
100 g de coquillettes
100 g de beaufort râpé
2 cuil. à soupe d'huile d'olive

Soupe à l'oignon : coupez les oignons en deux, puis taillez-les finement et faites-les revenir sans coloration dans l'huile d'olive avec l'ail, le thym et le laurier pendant 2 ou 3 minutes. Ajoutez le vin blanc, portez à ébullition et mouillez avec le bouillon de poule. Laissez mijoter à feu très doux pendant 35 minutes.

Gratin de coquillettes : faites cuire les coquillettes, puis égouttez-les et rincez-les sous l'eau courante. Ajoutez le beaufort râpé, mélangez et répartissez les pâtes dans des petits moules à gratin individuels. Faites gratiner dans un four bien chaud (200 °C ; th. 6-7).

Taillez des lanières de ventrèche de 2 cm de largeur et déposez-les dans des assiettes creuses ou dans des bols. Versez dessus la soupe à l'oignon chaude et dégustez, avec le gratin de coquillettes.

Conseils : remplacez le beaufort par de l'emmental ou par du parmesan. Ajoutez dans votre soupe à l'oignon, juste avant de la servir, des feuilles de coriandre fraîche.

Bouchées de foie gras et de calamar croustillants, pomme-passion

Pour 4 personnes

125 g de foie gras de canard cru
200 g de tubes de calamar, nettoyés par le poissonnier
4 blancs d'œuf
200 g de vermicelles (cheveux d'ange)
1 pomme granny smith
6 fruits de la Passion
200 g de farine
huile de friture
sel, poivre

Taillez les tubes de calamar en triangles d'environ 2 cm de base. Coupez le foie gras en cube de 2 cm de côté. Récupérez les graines des fruits de la Passion. Taillez la pomme en quartiers de 2 cm.

Fouettez légèrement les blancs d'œuf pour les rendre mousseux (le liquide du blanc ne doit plus apparaître). Panez les cubes de foie gras et les triangles de calamar : passez-les successivement dans la farine, puis dans les blancs d'œuf et enfin dans les vermicelles.

Faites-les frire dans une huile pas trop chaude (165 °C), retirez-les lorsque les vermicelles sont de couleur blonde et assaisonnez-les de sel et de poivre.

Montez les bouchées en alternant, sur des piques en bois, un triangle de calamar, un cube de foie gras et un quartier de pomme. Trempez le tout dans les graines de fruit de la Passion avant de porter à la bouche.

Conseil : les bouchées doivent être mangées sitôt montées, pour éviter que les cubes de foie gras ne durcissent en refroidissant.

Crackers apéro et Cie

Pour 4 personnes

30 feuilles de pâte à ravioles chinoises
huile de friture

Pour le condiment A :
2 oignons
1/2 botte d'aneth
2 cuil. à café de pastis
2 cuil. à soupe d'huile d'olive

Pour le condiment B :
1/4 de chou-fleur
25 cl de lait
25 cl d'eau
sel de céleri
1 cuil. à soupe d'huile d'olive

Pour le condiment C :
2 avocats
4 cuil. à soupe de jus de citron
2 cuil. à café de romarin haché
quelques gouttes de Tabasco®

Pour le condiment D :
2 grosses aubergines
100 g de boudin noir
1 cuil. à soupe de câpres
1 cuil. à soupe de menthe hachée
25 cl d'huile d'olive

Condiment A : taillez finement en petits dés les oignons et faites-les revenir dans l'huile d'olive (laissez-les un peu fermes). Ajoutez en fin de cuisson le pastis et l'aneth haché, et réservez au réfrigérateur.
Condiment B : faites cuire le chou-fleur dans le mélange d'eau et de lait, puis égouttez-le et réduisez-le en purée. Assaisonnez légèrement celle-ci avec du sel de céleri et l'huile d'olive. Réservez au réfrigérateur.
Condiment C : récupérez la chair des avocats et écrasez-la à la fourchette en la mélangeant avec les autres ingrédients. Réservez au réfrigérateur.
Condiment D : coupez les aubergines en deux et pratiquez dans la chair des incisions. Assaisonnez les aubergines d'huile d'olive, de sel et de poivre, disposez-les sur une assiette et couvrez-les de film plastique. Faites-les cuire au four à micro-ondes, puis récupérez la pulpe et mélangez-la avec la chair du boudin, les câpres et la menthe. Poivrez bien et réservez au réfrigérateur.
Taillez les feuilles de pâte à ravioles chinoises dans la diagonale pour obtenir des triangles et faites-les frire dans une huile pas trop chaude (165 °C). Retirez-les lorsque leur couleur est bien blonde, débarrassez-les sur une feuille de papier absorbant et salez-les. Dégustez ces crackers en les trempant dans les divers condiments d'accompagnement.

Conseil : les feuilles de pâte à ravioles peuvent être frites bien avant leur consommation. Réservez-les alors dans un endroit sec.

Brochettes d'orecchiette aux radis et aux fleurs de capucine

Pour 4 personnes

150 g d'orecchiette
1 botte de radis roses
1 radis noir
16 fleurs de capucine
huile d'olive

Faites cuire les orecchiette, puis refroidissez-les sous l'eau courante et lustrez-les avec un peu d'huile d'olive.
Taillez les radis roses en deux ou en trois. Coupez de fines rondelles de radis noir et détaillez chacune d'elles en quatre petits éventails.
Montez les minibrochettes avec des piques en bois, en alternant radis, orecchiette et pétales de capucine. Servez à température ambiante.

Conseils : à défaut de capucines, utilisez des fanes de radis roses lustrées avec de l'huile de noisette. Ces brochettes peuvent être servies avec de la crème au roquefort ou avec une crème au raifort.

Croustilles de queues de gambas, léger aïoli à l'aneth

Pour 4 personnes

16 gambas
16 feuilles de pâte à ravioles chinoises
150 g de gousses d'ail
25 cl de vin blanc
1 cuil. à soupe de moutarde
5 jaunes d'œuf
120 g d'huile d'olive
1 pointe de couteau de poudre de safran
1/2 botte d'aneth, hachée
huile de friture

Aïoli : mettez les gousses d'ail dans une casserole, couvrez d'eau froide et portez à ébullition, puis égouttez et rincez sous l'eau froide. Répétez cette opération trois fois.

Faites cuire les gousses d'ail dans le vin blanc pendant 20 minutes, puis égouttez-lez. Réduisez-les en purée, ajoutez la moutarde, 2 jaunes d'œuf et le safran. Mélangez au fouet en versant au fur et à mesure l'huile d'olive (comme pour une mayonnaise). Ajoutez l'aneth haché et réservez à température ambiante.

Décortiquez les gambas en gardant la carapace du bout de la queue. Étalez les feuilles de pâte à ravioles, posez sur chacune d'elles une queue de gambas et assaisonnez. Roulez les ravioles en laissant dépasser le bout de la queue des gambas, puis soudez les bords avec du jaune d'œuf.

Au dernier moment, faites frire les gambas dans une huile pas trop chaude (165 °C) jusqu'à ce que la pâte à ravioles soit bien blonde. Débarrassez sur une feuille de papier absorbant, assaisonnez et servez aussitôt, avec l'aïoli.

Conseil : vous pouvez accompagner ces croustilles de gambas d'une salade de roquette.

Brochettes de farfalle, volaille et ananas à la mélisse

Pour 4 personnes

175 g de farfalle
2 filets de volaille (environ 250 g)
1/2 ananas
2 cuil. à soupe de mélisse hachée
2 citrons verts
huile d'olive

Faites cuire les farfalle, puis refroidissez-les sous l'eau courante et lustrez-les avec un peu d'huile d'olive.

Taillez les filets de volaille en cubes de 2 cm de côté et faites-les cuire à la poêle. Ajoutez aux trois quarts de la cuisson le zeste râpé des citrons verts et leur jus, puis réservez sur une feuille de papier absorbant.

Coupez des petits triangles d'ananas que vous mélangerez à la mélisse hachée.

Montez les minibrochettes sur des piques en bois, en alternant morceaux de volaille, triangles d'ananas et farfalle. Dégustez à température ambiante.

Conseils : vous pouvez paner les cubes de volaille dans du sésame grillé avant de confectionner les brochettes. Trempez celles-ci dans un coulis de poivrons avant de les déguster.

Roulade au jambon de pays, rougail tomate-poivron au gingembre

Pour 4 personnes

8 feuilles de lasagne
8 tranches fines de jambon de Bayonne
600 g de tomates
300 g de poivrons rouges
1 ou 2 cuil. à café de gingembre frais râpé
3 cuil. à soupe de persil haché
30 cl d'huile d'olive

Faites cuire les feuilles de lasagne, puis refroidissez-les sous l'eau courante. Mettez-les à plat, posez une tranche de jambon sur chacune d'elles, roulez le tout comme des cigares et réservez.

Rougail : coupez la tomate en tranches épaisses que vous ferez rissoler par petites quantités dans de l'huile bien chaude pendant 1 minute. Taillez les poivrons en lanières et faites-les cuire doucement. Ajoutez-les aux tomates déjà cuites, puis assaisonnez avec le gingembre et le persil.

Disposez en cercle le rougail chaud dans les assiettes, déposez dessus les rouleaux de lasagne et arrosez le tout d'huile d'olive.

Conseil : avant de rouler vos feuilles de lasagne avec le jambon, ajoutez entre les deux 2 ou 3 cuillerées de chèvre frais.

Rouleaux de printemps

Pour 4 personnes

8 tubes de cannelloni cuits
100 g de carottes
100 g de céleri-rave
1 pomme granny smith
100 g de pousses de soja
75 g de maïs en boîte
2 cuil. à soupe d'estragon haché
2 citrons verts
250 g d'huile de sésame
150 g de sésame grillé au four

Taillez les carottes, le céleri-rave et les pommes en fins filaments, après les avoir lavés et épluchés. Ajoutez le soja, le maïs et l'estragon, et farcissez les cannellonis de cette préparation (remplissez-les bien, en fermant une des extrémités avec la paume de la main).

Confectionnez une vinaigrette avec le jus des citrons verts et l'huile de sésame.

Pour la dégustation, trempez avant chaque bouchée vos rouleaux dans la vinaigrette, puis dans le sésame grillé.

Conseils : vous pouvez substituer à l'huile de sésame et au sésame grillé de l'huile d'arachide et des cacahuètes grillées à sec concassées. Vous pouvez associer d'autres légumes et d'autres fruits, à votre convenance : du chou rouge et des raisins secs, de la betterave et de la poire, du concombre et de l'ananas...

Pâtes à la bolognaise

POUR 6 PERSONNES

500 g de viande de bœuf hachée
1 carotte
1 oignon
20 cl de vin blanc sec
75 g de concentré de tomates
1 litre d'eau
12 g de feuilles de gélatine
7,5 cl de crème liquide
7,5 cl de crème épaisse
40 g de parmesan râpé
16 feuilles de pâte à ravioles chinoises
20 cl d'huile d'olive
1 litre d'huile de friture (huile d'arachide)
sel et poivre

Faites revenir vivement la viande hachée dans de l'huile d'olive bien chaude. Ajoutez la carotte et l'oignon coupés en dés. Mouillez avec le vin blanc et portez à ébullition, puis ajoutez le concentré de tomates ainsi que l'eau, et faites cuire le tout pendant 35 minutes.

Une fois la cuisson terminée, passez la sauce bolognaise chaude à travers un torchon humide de façon à obtenir un jus clair. Ajoutez aussitôt les feuilles de gélatine, préalablement ramollies dans de l'eau froide. Réservez au réfrigérateur pendant 8 heures pour que le jus se gélifie.

Fouettez les deux crèmes en chantilly bien ferme. Ajoutez le parmesan et assaisonnez de sel et de poivre. Réservez au réfrigérateur.

Faites frire les feuilles de pâte à ravioles dans une huile pas trop chaude (165 °C), puis déposez-les sur une feuille de papier absorbant et salez-les.

Juste avant le repas, « cassez » la gelée de jus de bolognaise à l'aide d'une fourchette. Déposez dans le fond de chacun des verres de service 1 cuillerée de chantilly au parmesan, recouvrez de gelée et accompagnez avec les pâtes frites refroidies.

Conseil : lorsque vous remplissez les verres, vous pouvez inverser l'ordre de dressage et déposer la gelée avant la chantilly.

Risotto de crozets de Savoie

Pour 4 personnes

400 g de crozets de Savoie
50 g de moelle de bœuf ou de lard gras
75 g de parmesan
75 g de crème fouettée
20 g de beurre

Rincez sous l'eau les crozets de Savoie et égouttez-les. Faites fondre la moelle pendant 20 secondes dans une casserole, ajoutez les crozets et mouillez d'eau à hauteur. Lorsque l'eau a été absorbée par les pâtes, remettez un peu d'eau. Répétez cette opération jusqu'à complète cuisson des crozets.

Au dernier moment, ajoutez dans vos crozets le parmesan râpé, le beurre et la crème fouettée, puis mélangez délicatement ; l'ensemble doit être onctueux (ajoutez si nécessaire un peu de crème liquide). Servez aussitôt, accompagné de jus de poulet rôti.

Conseils : vous pouvez cuire les crozets dans un mélange à parts égales d'eau et de lait dans lequel vous aurez dissous un cube de bouillon de volaille. Vous pouvez aussi agrémenter ce plat avec de fines lanières de jambon de pays et de peau de courgette.

Ravioles au maroilles, andouille et beurre bière-cumin

POUR 4 PERSONNES

40 feuilles de pâte à ravioles chinoises
1 maroilles
6 blancs d'œuf
8 tranches fines d'andouille de Guéméné
50 cl de bière
1 cuil. à café de graines de cumin
1 citron non traité
200 g de beurre
1 cuil. à soupe d'huile d'olive

Disposez à plat 20 feuilles de pâte à ravioles et déposez au centre de chacune d'elles un carré de maroilles. Badigeonnez le bord des ravioles avec un pinceau humecté de blanc d'œuf, recouvrez avec les autres feuilles de pâte à ravioles et soudez les bords, en les pinçant avec le bout des doigts.

Taillez l'andouille en fines lanières. Portez la bière à ébullition, faites-la réduire de moitié pour en obtenir 25 cl et réservez. Faites cuire les ravioles de maroilles dans de l'eau bouillante pendant 2 à 3 minutes. Égouttez-les délicatement et réservez-les sur un plat légèrement huilé.

Ajoutez à la bière réduite le zeste râpé du citron et les graines de cumin. Mettez à chauffer, puis incorporez le beurre en fouettant vivement.

Disposez les ravioles au maroilles tièdes dans le fond des assiettes, répartissez dessus les lanières d'andouille et nappez avec le beurre à la bière et au cumin.

Conseil : vous pouvez remplacer les graines de cumin par des graines de coriandre et de la coriandre fraîche.

Lasagnes comme une moussaka

Pour 6 personnes

250 g de feuilles de lasagne
300 g de sauté d'agneau
8 tomates fraîches
3 aubergines
4 gousses d'ail
2 branches de thym
1 cuil. à soupe de graines de cumin
5 cuil. à soupe de persil haché
125 g de parmesan râpé
25 cl d'huile d'olive
sel et poivre

Faites cuire les feuilles de lasagne, puis égouttez-les et rincez-les sous l'eau courante.

Coupez les aubergines en deux dans le sens de la longueur, incisez leur chair avec la pointe d'un couteau, arrosez-les de 5 ou 6 cuillerées à soupe d'huile d'olive et assaisonnez-les. Déposez-les sur une assiette que vous recouvrirez de film alimentaire et faites-les cuire au four à micro-ondes à pleine puissance pendant 8 à 10 minutes (selon la taille des aubergines et la puissance du four).

Une fois les aubergines cuites, récupérez la chair et concassez-la grossièrement, puis ajoutez le cumin et réservez.

Taillez les tomates en tranches épaisses. Faites-les revenir par petites quantités dans de l'huile d'olive bien chaude avec le thym et 3 gousses d'ail pendant 1 minute (les tranches doivent rester entières). Ajoutez le persil et mélangez délicatement.

Montez les lasagnes dans un plat à gratin badigeonné d'huile d'olive et frotté avec une gousse d'ail : tapissez le fond avec le quart des feuilles de lasagne, déposez les aubergines au cumin et saupoudrez de parmesan ; couvrez d'un autre quart de lasagnes, déposez les tomates poêlées au persil et saupoudrez de nouveau de parmesan ; couvrez avec le troisième quart des lasagnes, ajoutez le sauté d'agneau émietté et recouvrez des dernières feuilles de lasagne.

Couvrez hermétiquement le plat avec des feuilles de papier d'aluminium, mettez dans le four préchauffé à 175 °C (th. 6-7) et laissez cuire pendant 35 à 40 minutes.

Conseils : accompagnez ce plat d'une salade de pissenlit ou de roquette aux pignons de pin. Vous pouvez remplacer le cumin et le persil par de la coriandre en graines et de la coriandre fraîche.

Spaghettis à l'encre de seiche, carottes et poireaux à la cannelle, lait au maïs

Pour 4 personnes

400 g de spaghettis à l'encre de seiche
2 carottes
1 blanc de poireau
1/2 botte de ciboulette
250 g de maïs en boîte
40 cl de lait
20 cl de crème liquide
cannelle en poudre
huile d'olive

Taillez les carottes et le blanc de poireau en sifflets de 5 mm, puis faites-les cuire dans une casserole, sur feu doux, avec un peu d'huile d'olive, jusqu'à ce qu'ils soient bien fondants.

Portez le lait et la crème à ébullition avec le maïs, mixez et filtrez à l'aide d'une passette.

Faites cuire les spaghettis, puis égouttez-les et remettez-les dans leur casserole de cuisson. Ajoutez les légumes, un filet d'huile d'olive et quelques pincées de cannelle.

Dans le même temps, faites chauffer le lait au maïs et mixez-le fortement pour obtenir un liquide mousseux.

Déposez les spaghettis dans les assiettes, parsemez-les de tiges de ciboulette et arrosez-les, au dernier moment, de 2 ou 3 cuillerées de « mousse » de lait au maïs.

Conseils : n'hésitez pas à mixer fréquemment le lait au maïs avant de le verser sur les spaghettis. Vous pouvez remplacer la cannelle par du curry, mais n'abusez pas des épices : mises en trop grande quantité, elles nuiraient à l'équilibre du plat. Ajoutez aux légumes des raisins secs et des amandes.

Pâtes au sarrasin, saint-jacques et crevettes grises aux champignons, pomelos-aneth

Pour 4 personnes

300 g de pâte à la farine de sarrasin (voir recette page 99)
20 noix de coquille Saint-Jacques
125 g de crevettes grises décortiquées
150 g de chanterelles ou de trompettes-de-la-mort
1 pamplemousse non traité
1/2 botte d'aneth
20 cl d'huile d'olive

Sortez la pâte du réfrigérateur 30 minutes avant de la détailler. Étalez-la finement à l'aide d'un laminoir de manière à obtenir de grandes bandes rectangulaires. Réservez-les sur un torchon sans les superposer, puis farinez-les légèrement en attendant de les cuire.

Faites cuire les pâtes, égouttez-les et rincez-les sous l'eau courante. Taillez-les en triangles ayant une base de 4 cm et réservez-les.

À l'aide d'un couteau économe, prélevez 2 rubans de zeste dans le pamplemousse et taillez-les en très fines lanières. Pressez le pamplemousse et versez le jus obtenu sur les zestes émincés.

Nettoyez les champignons et faites-les cuire dans de l'huile, puis débarrassez-les sur une feuille de papier absorbant.

Jetez les pâtes dans de l'huile d'olive bien chaude, ajoutez les champignons et les crevettes grises, et remuez avec beaucoup de délicatesse.

Au même moment et dans une autre poêle, faites cuire les noix de coquille Saint-Jacques pendant 2 ou 3 minutes. Ajoutez-les aux pâtes avec le jus de pamplemousse et les zestes. Répartissez dans les assiettes, saupoudrez d'aneth haché et dégustez.

Conseils : ajoutez à ce plat des graines de sarrasin grillées (disponibles en magasin bio). Vous pouvez remplacer les champignons par des feuilles d'endive.

Nouilles aux champignons noirs et piment d'Espelette, pomme verte-estragon

POUR 4 PERSONNES

400 g de nouilles chinoises
40 g de champignons noirs (dans les épiceries asiatiques)
piment d'Espelette en poudre
2 pommes granny smith
1/2 botte d'estragon
200 g de maïs (en boîte)
4 cuil. à soupe de riz soufflé nature
4 cuil. à soupe d'huile de noix
1 cuil. à soupe de vinaigre de xérès

Environ 2 heures avant de confectionner la recette, faites tremper les champignons noirs dans un grand volume d'eau pour les réhydrater.

Taillez les champignons en lanières. Coupez les pommes en quatre, ôtez les pépins et taillez les quartiers en fines tranches.

Faites cuire les nouilles, égouttez-les et remettez-les dans la casserole avec l'huile de noix, les champignons noirs, le maïs et quelques pincées de piment d'Espelette.

Au dernier moment, ajoutez les tranches de pomme, les feuilles de l'estragon et le vinaigre de xérès. Servez et parsemez vos nouilles de riz soufflé.

Conseil : vous pouvez agrémenter cette recette avec des tranches de fromage de chèvre cendré, du sainte-maure par exemple.

Penne au haddock, mâche à l'huile de thé à la menthe

Pour 4 personnes

400 g de penne
400 g de haddock
100 g de mâche
15 cl d'huile d'olive
6 sachets de thé classique
5 g de feuilles de menthe fraîche
3 cl de jus de citron
3 cuil. à soupes d'amandes grillées au four

Huile de thé à la menthe : faites tiédir l'huile d'olive, jetez dedans les sachets de thé et les feuilles de menthe, froissées entre les mains ; laissez sur feu très doux pendant 5 minutes (l'huile ne doit pas bouillir), puis recouvrez d'une assiette et laissez reposer jusqu'à complet refroidissement ; filtrez alors à l'aide d'une passette et ajoutez le jus de citron.

Laissez dégorger le haddock sous l'eau courante pendant 15 minutes avant de le tailler en cubes de 2 cm de côté.

Faites cuire les penne, égouttez-les et rincez-les sous l'eau courante, puis réchauffez-les avec un filet d'huile de thé et ajoutez le haddock.

Lorsque le poisson est cuit, ajoutez les feuilles de mâche assaisonnées à l'huile de thé et les amandes grillées, mélangez et servez aussitôt.

Conseils : à défaut de haddock, vous pouvez utiliser pour cette recette de fines tranches de poisson fumé (truite ou flétan, par exemple). Vous pouvez également ajouter quelques dés de céleri-branches cru.

Nouilles chinoises aux gambas et au basilic, zestes d'orange et curry

POUR 4 PERSONNES

400 g de nouilles chinoises
20 queues de gambas décortiquées
12 feuilles de basilic
2 oranges non traitées
3 cuil. à soupes de noisettes grillées concassées
huile de noisette
curry en poudre

Râpez le zeste des oranges et mélangez-le avec les feuilles de basilic hachées et les noisettes concassées.

Faites cuire les nouilles, égouttez-les et rincez-les sous l'eau courante. Faites cuire les queues de gambas à la poêle avec un filet d'huile de noisette.

Ajoutez les nouilles cuites dans la poêle, faites revenir sur feu vif pendant 2 ou 3 minutes, puis ajoutez 2 ou 3 pincées de curry et le mélange de zestes, de basilic et de noisettes. Servez aussitôt et dégustez.

Conseils : vous pouvez ajouter à cette recette des petits morceaux de blanc de volaille et remplacer le curry par du paprika (attention, une trop grande quantité de curry nuirait à l'équilibre du plat). Vous pouvez également ajouter 2 œufs durs concassés au moment de servir.

Fausses lasagnes au thon, brocoli et mangue, condiment câpres et moutarde

Pour 6 personnes

250 g de lasagnes
400 g de thon cru
1 mangue
3 brocolis
20 g de câpres
30 g de moutarde à l'ancienne
3 cuil. à soupe d'huile d'olive
25 cl de crème épaisse
1 citron vert

Faites cuire les lasagnes, égouttez-les et rincez-les sous l'eau courante.

Détachez les sommités des brocolis et faites-les cuire dans une grande quantité d'eau salée, puis concassez-les grossièrement avec un couteau et réservez-les.

Épluchez la mangue et taillez-la en petits dés. Ajoutez la moutarde et les câpres, puis le thon cru taillé en cubes de 2 cm de côté et 2 cuillerées à soupe d'huile d'olive.

Tapissez le fond d'un plat à gratin légèrement huilé avec 2 ou 3 lasagnes. Répartissez dessus les brocolis concassés, couvrez de lasagnes, étalez le mélange au thon et recouvrez de lasagnes.

Fermez hermétiquement le plat avec des feuilles de papier d'aluminium. Mettez au four préchauffé à 170 °C (th. 5-6) et laissez cuire pendant 35 à 40 minutes. Accompagnez de la crème chaude assaisonnée avec le jus du citron vert.

Conseils : pour éviter que les lasagnes ne collent entre elles une fois cuites, lustrez-les légèrement avec de l'huile d'olive. Vous pouvez agrémenter la crème chaude avec de l'estragon haché, et accompagner le plat avec du pop-corn nature ou salé.

Conchiglioni au lapin et aux olives noires, jus de tomate au cumin

POUR 4 PERSONNES

4 cuisses de lapin
50 cl de graisse de canard
6 gousses d'ail
2 feuilles de laurier
1 branche de thym
75 g d'olives noires dénoyautées
1 litre de jus de tomate
Tabasco®
2 cuil. à café de graines de cumin
3 cuil. à soupe d'huile d'olive
50 g de salade riquette
2 petits pains suédois grillés nature (Krisprolls®, par exemple)
2 cuil. à soupe de vinaigrette au vinaigre de xérès

Mettez les cuisses de lapin dans une casserole assez haute avec la graisse de canard fondu, 5 gousses d'ail, le thym et le laurier. Laissez confire 45 minutes sur feu doux. Vérifiez que la cuisson est à point avec la pointe d'un couteau.

Une fois le lapin cuit, désossez-le et émiettez la chair avec une fourchette. Ajoutez les olives noires hachées et 2 ou 3 cuillerées de graisse de canard, puis réservez à température ambiante.

Mixez le jus de tomate avec les graines de cumin et l'huile d'olive, assaisonnez légèrement avec quelques gouttes de Tabasco® et filtrez à l'aide d'une passette.

Faites cuire les conchiglioni, égouttez-les et rincez-les sous l'eau courante. Remplissez-les ensuite avec la farce de lapin aux olives noires.

Répartissez les pâtes farcies dans les assiettes, parsemez-les de feuilles de riquette assaisonnées de vinaigrette au xérès et ajoutez de grosses miettes de petits pains suédois frottés avec la dernière gousse d'ail. Dégustez, avec un verre de jus de tomate au cumin.

Conseil : remplacez le lapin par du poisson blanc, du cabillaud par exemple.

Capellini aux langoustines et artichauts à la coriandre, radis noir à l'huile de noix

Pour 4 personnes

400 g de capellini
20 queues de langoustine décortiquées
4 gros fonds d'artichaut cuits
1/4 de radis noir
1 citron jaune non traité
5 cuil. à soupe de coriandre fraîche hachée
1 cuil. à soupe de graines de coriandre
2 cuil. à soupe de cerneaux de noix concassés
4 cuil. à soupe d'huile de noix
10 cl d'huile d'olive

Faites cuire les capellini, égouttez-les et rincez-les sous l'eau courante.

Coupez en deux les fonds d'artichaut, puis taillez-les en triangles. Coupez le radis noir en fines tranches. Prélevez à l'aide d'un couteau économe 3 rubans de zeste de citron, que vous taillerez en toutes petites lanières. Pressez le citron et versez le jus obtenu sur les zestes.

Faites chauffer l'huile de noix dans une poêle et mettez-y les artichauts, puis les capellini et les graines de coriandre.

Au même moment et dans une autre poêle, faites cuire les langoustines par petites quantités dans de l'huile d'olive bien chaude. Ajoutez-les au fur et à mesure dans la poêle des capellini.

Remuez délicatement, ajoutez les tranches de radis noir, les noix concassées, la coriandre fraîche et le jus de citron avec les zestes. Servez et dégustez.

Conseils : vous pouvez remplacer les langoustines par de fines tranches de thon. Ajoutez à la préparation des œufs de hareng fumé.

Spätzles au cresson et aux noix, potiron à la citronnelle

Pour 4 personnes

400 g de Spätzles
1/2 botte de cresson
4 cuil. à soupe de noix décortiquées concassées
4 ou 5 cuil. à soupe de vinaigrette à l'huile de noix
1 quartier de potiron
1 oignon
1 bâton de citronnelle
1 cuil. à soupe d'huile d'olive

Taillez finement l'oignon et faites-le revenir dans l'huile d'olive pendant quelques minutes, puis ajoutez le potiron coupé en gros cubes. Faites cuire le tout avec la citronnelle jusqu'à ce que le potiron soit fondant.

Une fois la cuisson terminée, ôtez le bâton de citronnelle, écrasez le potiron à la fourchette et réservez.

Faites cuire les Spätzles. Égouttez-les, puis remettez-les dans la casserole avec le cresson équeuté et les noix concassées. Mélangez rapidement et assaisonnez avec la vinaigrette à l'huile de noix.

Répartissez le potiron chaud dans les assiettes, versez dessus les Spätzles au cresson et aux noix, et dégustez.

Conseils : vous pouvez ajouter à la recette du curry et de fines lanières de pomme verte. Pour un goût plus « exotique », remplacez les noix par des copeaux de noix de coco.

Casareccia à la grenobloise, mousseline de courgettes au sésame

Pour 4 personnes

400 g de casareccia
2 citrons jaunes
5 tomates
4 cuil. à soupe de câpres
1 botte de ciboulette
3 grosses courgettes
4 cuil. à soupe de sésame grillé au four
6 cuil. à soupe d'huile d'olive

Faites cuire les courgettes dans une grande quantité d'eau salée, puis mixez-les afin d'obtenir une purée fine. Assaisonnez-la de 2 cuillerées à soupe d'huile d'olive.

Garniture grenobloise : pelez les citrons à vif et taillez la pulpe en petits dés. Coupez les tomates en quatre, épépinez-les et taillez-les en petits dés. Ciselez la ciboulette le plus finement possible et ajoutez-la aux dés de citron et de tomate avec les câpres et le reste d'huile d'olive.

Faites cuire les casareccia, puis égouttez-les et rincez-les sous l'eau courante.

Réchauffez la purée de courgettes et déposez-en quelques cuillerées dans chaque assiette. Versez dessus les casareccia, parsemez de garniture grenobloise et de sésame grillé, et dégustez.

Conseils : vous pouvez ajouter des morceaux de haddock poché et des œufs durs hachés, et remplacer la ciboulette par du basilic. La garniture grenobloise accompagne très bien des poireaux vinaigrette ou des filets de poisson.

Pappardelle au goût pizza

Pour 4 personnes

400 g de pappardelle
200 g de champignons de Paris
12 filets d'anchois à l'huile
20 tranches fines de chorizo piquant
100 g d'olives noires dénoyautées
12 feuilles de basilic
50 cl de jus de tomate
2 cuil. à soupe d'origan séché
125 g de parmesan entier
2 cuil. à soupe de pignons de pin
3 cuil. à soupe d'huile d'olive

Faites cuire les pappardelle, égouttez-les et rincez-les sous l'eau courante.

Taillez les champignons de Paris en quatre, et les olives noires en deux. Débitez le parmesan en copeaux à l'aide d'un couteau économe.

Faites revenir les champignons à l'huile d'olive, dans une casserole, puis ajoutez le chorizo et laissez cuire à feu doux pendant 1 minute. Ajoutez le jus de tomate, l'origan, les pappardelle et les olives noires.

Une fois la préparation bien chaude, ajoutez les filets d'anchois égouttés, les pignons de pin et les feuilles de basilic. Répartissez les copeaux de parmesan sur les pappardelle, servez et dégustez.

Conseil : le goût de pizza étant caractérisé par l'origan et le jus de tomate, vous pouvez changer les autres ingrédients de la garniture (par exemple, bœuf et lardons aux oignons et au chèvre, lardons et champignons...).

Bouillon aux vermicelles et au saumon, poire et navet au thé earl grey

POUR 6 PERSONNES

1 litre de bouillon de poule léger
60 g de vermicelles
200 g de filet de saumon cru
1/2 poire
100 g de navets
1 cuil. à café bombée de thé earl grey (haché très fin)

Taillez le filet de saumon en cubes de 1 cm de côté. Coupez la poire et le navet en cubes de 5 mm de côté. Mélangez les cubes de saumon, de poire et de navet avec le thé haché, et réservez.

Faites cuire les vermicelles dans le bouillon de poule (ne les égouttez pas). Répartissez dans les bols le mélange de saumon, de poire et de navet, versez dessus le bouillon aux vermicelles bien chaud et dégustez.

Conseil : vous pouvez agrémenter cette recette de quelques graines de fruit de la Passion pour lui donner un petit côté croquant et acidulé.

Ravioles à la fourme d'Ambert, bouillon de betterave tonic, éclats de noix de coco

Pour 4 personnes

40 feuilles de pâte à ravioles chinoises
6 blancs d'œuf
350 g de fourme d'Ambert
4 cuil à soupe de copeaux de noix de coco
huile d'olive

Pour le bouillon de betterave tonic :
250 g de betterave cuite
20 cl d'eau minérale
75 cl de Schweppes®
15 cl de vodka ou de gin
2 baies de genièvre

Disposez à plat 20 feuilles de pâte à ravioles et déposez au centre de chacune d'elles un carré de fourme d'Ambert. Badigeonnez le bord des ravioles avec un pinceau humecté de blanc d'œuf, recouvrez avec les autres feuilles de pâte à ravioles et soudez les bords en les pinçant avec le bout des doigts.

Pour le bouillon de betterave tonic, mixez tous les ingrédients et filtrez le mélange à l'aide d'une passette.

Faites cuire les ravioles par petites quantités dans de l'eau bouillante pendant 2 à 3 minutes, puis arrosez-les d'un filet d'huile d'olive et maintenez-les au chaud.

Répartissez les ravioles dans quatre assiettes creuses, versez dessus le bouillon de betterave à température ambiante et parsemez d'éclats de noix de coco.

Conseil : vous pouvez remplacer le gin ou la vodka par du vinaigre balsamique ou par du vinaigre de framboise.

Soupe aux vermicelles de soja, miettes de thon aux algues séchées

POUR 4 PERSONNES

1 litre de court-bouillon
250 g de vermicelles de soja
250 g de thon cru
1 courgette
1/2 fenouil
4 cuil. à soupe d'algues séchées (en vente dans les magasins bio)
2 cuil. à soupe d'huile d'olive
1 citron vert

Taillez le thon en cubes de 1 cm de côté. Coupez la courgette en trois tronçons, puis recoupez chacun d'eux en quatre dans le sens de la longueur et enlevez les pépins. À l'aide d'un couteau économe, prélevez de fines bandes de courgette et réservez.

Détaillez le fenouil le plus finement possible dans le sens de la largeur. Mélangez les bandes de courgette et de fenouil, le thon, le jus du citron vert, l'huile d'olive et les algues séchées.

Déposez un bouquet de ce mélange au centre de quatre assiettes creuses. Faites cuire les vermicelles de soja dans le court-bouillon, puis répartissez-les dans les assiettes.

Conseils : assaisonnez votre thon et les légumes avec de la sauce soja ou du vinaigre balsamique. Si vous désirez accentuer le goût asiatique de cette recette, ajoutez des huîtres au thon.

Fettuccine aux asperges et à l'oseille, mimosa d'œufs aux amandes

POUR 4 PERSONNES

400 g de fettuccine
16 asperges vertes cuites
6 œufs durs
1 botte d'oseille
6 cuil. à soupe d'amandes effilées grillées
50 cl de crème liquide
1 cuil. à soupe de beurre frais

Coupez grossièrement les feuilles d'oseille, jetez-les dans le beurre noisette et faites-les tomber. Ajoutez la crème liquide chaude et laissez cuire sur feu doux pendant 2 ou 3 minutes. Mettez hors du feu et réservez.
Coupez les asperges en trois, et les œufs durs en quatre. Faites cuire les fettuccine, égouttez-les et remettez-les dans la casserole avec la crème à l'oseille et les asperges. Remuez délicatement pour ne pas casser les asperges.
Déposez les quartiers d'œuf sur les fettuccine, parsemez dessus les amandes grillées, servez et dégustez.

Conseils : vous pouvez ajouter à la préparation des lanières de saumon fumé ou des œufs de saumon fumés. Pour donner plus de relief à cette recette, arrosez au dernier moment les fettucine de quelques gouttes de vinaigre de xérès.

Spaghettis aux pousses de soja et au pop-corn, champignons au vinaigre balsamique

POUR 4 PERSONNES

400 g de spaghettis
200 g de pousses de soja fraîches
10 g de maïs à pop-corn
35 g de champignons noirs séchés
2 cuil. à soupe de coriandre fraîche
1/2 cuil. à café de graines de coriandre écrasées
vinaigrette au vinaigre balsamique
huile d'olive

Réhydratez les champignons noirs dans un grand volume d'eau froide, puis taillez-les en lanières et assaisonnez-les avec la vinaigrette au vinaigre balsamique.

Faites cuire les spaghettis. Rincez-les sous l'eau courante et réservez-les.

Mettez le maïs à pop-corn dans un saladier, couvrez ce dernier d'une assiette et faites éclater les grains au four à micro-ondes (quelques minutes suffisent). Ensuite, assaisonnez-les de sel et de poivre.

Versez un peu d'huile d'olive dans une grande poêle, jetez-y les spaghettis et faites-les revenir sur feu vif. Ajoutez la coriandre fraîche et les graines de coriandre écrasées, les champignons et le soja. Mélangez, parsemez de pop-corn et servez aussitôt.

Conseils : remplacez la coriandre par de la ciboulette ou par du basilic. Cette recette accompagnera très bien un poisson, du saumon poêlé par exemple.

Gnocchetti aux artichauts et au canard fumé, trévise, estragon et sel de céleri

Pour 4 personnes

300 g de gnocchetti
4 gros fonds d'artichaut cuits
1/2 salade trévise
125 g de canard fumé tranché
4 cuil. à soupe d'estragon haché
1/2 pomme granny smith
4 cuil. à soupe de maïs en boîte
1 cuil. à soupe de vinaigre de xérès
4 cuil. à soupe d'huile d'olive
sel de céleri

Faites cuire les gnocchetti, égouttez-les et rincez-les sous l'eau courante.

Coupez les fonds d'artichaut en deux, puis en triangles. Effeuillez la salade trévise et taillez-la en fines lanières. Coupez la pomme en petits dés.

Réchauffez les gnocchetti dans l'huile d'olive. Ajoutez les artichauts, le canard fumé, la pomme, le maïs et le vinaigre de xérès, puis assaisonnez de sel de céleri.

Remuez délicatement cette salade. Ajoutez au dernier moment la trévise et l'estragon, servez et dégustez.

Conseils : parsemez les gnocchetti de riz soufflé nature. Vous pouvez également ajouter quelques cubes d'ananas à cette recette.

100 % tagliatelles

Pour 4 personnes

400 g de tagliatelles
1 carotte
1 branche de céleri
150 g de céleri-rave
1 courgette
1/2 litre des coquillages de votre choix (coques, moules, palourdes...)
25 cl de vin blanc sec
3 gousses d'ail
1 branche de thym
1 feuille de laurier
2 cuil. à soupe de coriandre fraîche hachée
2 cuil. à soupe de cerfeuil haché
2 cuil. à soupe d'aneth haché
quelques pincées de curry en poudre
huile d'olive
sel et poivre

Nettoyez les coquillages sous l'eau courante, mettez-les dans une casserole avec le vin blanc, l'ail, le thym, le laurier, les queues des herbes fraîches et du poivre. Couvrez la casserole et faites cuire les coquillages à feu vif jusqu'à ce que les coquilles soient ouvertes. Passez le jus de cuisson dans un filtre à café de façon à le clarifier. Récupérez la chair des coquillages et réservez dans le jus filtré.

Épluchez les légumes (sauf la courgette) et détaillez-les en grandes bandes fines à l'aide d'un couteau économe ; prélevez aussi de grandes bandes dans la courgette non pelée, en vous arrêtant aux pépins. Mélangez toutes les bandes de légumes et réservez.

Faites cuire les tagliatelles, puis égouttez-les et remettez-les dans une casserole portée sur feu moyen avec les coquillages et leur jus, les légumes et le curry ; les légumes doivent rester croquants. Au dernier moment, ajoutez les herbes hachées et un filet d'huile d'olive, servez et dégustez.

Conseils : utilisez une mandoline, si vous en possédez une, pour réaliser les bandes de légumes. Attention, une trop grande quantité de curry nuirait à l'équilibre du plat.

Rigatoni au chèvre frais et à l'aubergine, pistou de menthe

Pour 4 personnes

125 g de rigatoni
300 g de chèvre frais (Petit Billy par exemple)
10 cl de crème liquide
10 cl d'huile d'olive
1 cuil. à soupe de vinaigre de xérès
2 aubergines
1 cuil. à soupe de pignons de pin
pousses de pissenlit ou salade riquette

Pour le pistou de menthe et d'anchois :

1 botte de menthe fraîche
5 filets d'anchois à l'huile
10 cl d'huile d'olive

Pistou de menthe : faites cuire les feuilles de menthe pendant 1 minute dans de l'eau bouillante, égouttez-les et rincez-les sous l'eau froide ; mixez ensemble les feuilles de menthe cuites, les filets d'anchois et 10 cl d'huile d'olive. Le mélange doit être bien lisse, sinon filtrez-le à l'aide d'une passette.

Travaillez le chèvre, la crème, le vinaigre de xérès et 2 cuillerées à soupe d'huile d'olive à l'aide d'une spatule ; le mélange doit être parfaitement homogène.

Coupez les aubergines en deux dans le sens de la longueur, incisez la chair avec la pointe d'un couteau et assaisonnez d'huile d'olive, de sel et de poivre. Mettez les demi-aubergines sur une assiette, recouvrez-les de film alimentaire et faites-les cuire au four à micro-ondes à pleine puissance pendant 8 à 10 minutes. Une fois la cuisson terminée, récupérez la chair et concassez-la avec un couteau.

Faites cuire les rigatoni, puis égouttez-les et rincez-les sous l'eau courante. Farcissez-les de chèvre frais assaisonné et disposez-les sur un plat légèrement huilé. Recouvrez d'une feuille de papier d'aluminium, mettez au four préchauffé à 175 °C (th. 5-6) et laissez tiédir pendant 15 minutes.

Déposez la chair d'aubergine bien chaude dans les assiettes et rangez dessus les rigatoni. Parsemez le tout de pignons de pin et de pousses de pissenlit, arrosez de pistou de menthe et servez.

Conseils : choisissez de préférence de gros rigatoni. Pour les farcir, utilisez une poche à pâtisserie munie d'une douille unie, du diamètre des pâtes.

Vermicelles au bouillon de couscous, légumes croquants

Pour 6 personnes

1 litre de bouillon de légumes de couscous épicé
60 g de vermicelles
100 g de navet
100 g de carotte
100 g de céleri-branche
100 g de pois chiches
50 g de raisins secs

Taillez les carottes, les navets et le céleri en petits dés. Mélangez ces derniers aux pois chiches et aux raisins, préalablement réhydratés dans du bouillon. Répartissez cette préparation dans des assiettes creuses.
Faites cuire les vermicelles dans le bouillon de couscous, puis versez le tout dans les assiettes et dégustez.

Conseils : si vous n'avez pas de bouillon épicé, ajoutez au bouillon de légumes quelques pincées de ras al-hanout ou de garam massala. Pour un repas plus consistant, ajoutez aux légumes des morceaux de poulet ou de poisson cuit. Vous pouvez enrichir les légumes de quelques dés de zeste de citron confit.

Lasagnes de saumon et d'épinards au raifort, aux raisins et au citron

Pour 6 personnes

250 g de lasagnes
400 g de saumon frais
200 g d'épinards frais
6 cuil. à soupe de grains de raisin blanc frais
2 citrons jaunes non traités
3 cuil. à soupe de raifort
125 g d'amandes effilées grillées au four
15 cl d'huile de noix

Faites cuire les lasagnes, puis égouttez-les et rincez-les sous l'eau courante.
Faites tomber les épinards dans de l'huile de noix de façon qu'ils soient légèrement ramollis. Égouttez-les, ajoutez les grains de raisin coupés en deux et épépinés, assaisonnez avec le raifort et réservez.
Taillez le saumon en tranches de 5 mm d'épaisseur et assaisonnez celles-ci avec le jus et le zeste râpé des citrons ainsi que 3 ou 4 cuillerées à soupe d'huile de noix.
Badigeonnez d'huile de noix un plat à gratin et tapissez-en le fond avec des feuilles de lasagne. Répartissez dessus le saumon au citron, recouvrez-le avec d'autres feuilles de lasagne, couvrez celles-ci de la préparation aux épinards et terminez le montage avec le reste des lasagnes.
Recouvrez hermétiquement le plat de feuilles de papier d'aluminium, mettez au four préchauffé à 175 °C (th. 5-6) et laissez cuire pendant 35 à 40 minutes.
À l'issue de la cuisson, saupoudrez les lasagnes d'amandes grillées, servez et dégustez.

Conseil : vous pouvez accompagner ce plat d'une salade de pissenlit aux œufs de saumon fumés.

Riso comme un cantonais

Pour 4 personnes

400 g de riso (pâtes en forme de grains de riz)
4 œufs
4 tranches de jambon blanc ou de jambon de pays
8 cuil. à soupe de petits pois cuits
2 cuil. à soupe de feuilles de persil plat
2 cuil. à soupe de feuilles d'estragon
2 cuil. à soupe de feuilles de cerfeuil
vinaigrette à l'huile d'olive et au vinaigre de xérès

Faites cuire les pâtes riso, égouttez-les et rincez-les sous l'eau courante.
Confectionnez une omelette avec les œufs, puis laissez-la refroidir et coupez-la en petits dés. Taillez aussi les tranches de jambon en petits dés.
Mélangez les dés d'omelette, ceux de jambon, les petits pois et les pâtes. Faites réchauffer le tout à feu doux avec un peu d'huile d'olive.
Répartissez la préparation dans les assiettes, ajoutez les herbes mélangées assaisonnées de vinaigrette et dégustez.

Conseil : vous pouvez remplacer les riso par des crozets de Savoie nature ou au sarrasin.

Rigatoni au canard et à l'aubergine, ananas aux baies roses

Pour 4 personnes

400 g de rigatoni
1 magret de canard de 350 g
1 aubergine
1/4 d'ananas
1 cuil. à soupe de baies roses
1 botte de ciboulette
20 cl d'huile d'olive

Faites cuire les rigatoni, puis égouttez-les et rincez-les sous l'eau courante.
Taillez l'aubergine en quatre dans le sens de la longueur. Détaillez de fines tranches dans chaque quartier, faites-les revenir vivement dans de l'huile d'olive bien chaude et épongez-les entre des feuilles de papier absorbant.
Coupez la pulpe de l'ananas en petits triangles. Ciselez la ciboulette en bâtonnets de 3 à 4 cm.
Faites dorer le magret de canard dans une poêle chaude et sans matières grasses, puis mettez-le au four préchauffé à 175 °C (th. 5-6) et laissez-le cuire pendant 10 minutes (la chair doit être rosée).
À l'issue de la cuisson, sortez le magret du four, laissez-le reposer pendant 10 minutes et taillez-le en fines tranches.
Réchauffez les rigatoni dans une casserole avec 3 cuillerées à soupe d'huile d'olive, ajoutez les tranches d'ananas et d'aubergine, les baies roses et le magret de canard. Remuez délicatement (ne laissez pas trop longtemps sur le feu, pour éviter que le magret ne soit trop cuit), puis ajoutez la ciboulette, servez et dégustez.

Conseils : choisissez de préférence des rigatoni de taille moyenne. Ajoutez à la recette des cacahuètes grillées salées et quelques gouttes de vinaigre de framboise.

Orzo pasta à la manière d'une paella

POUR 4 PERSONNES

300 g d'orzo pasta (pâtes en forme de gros grains de riz allongés)
20 moules
16 tranches fines de chorizo
16 anneaux de calamar
1 poivron rouge
1 échalote hachée
2 gousses d'ail
10 cl de vin blanc
4 cuil. à soupe de petits pois cuits
1 dose de safran en poudre
20 cl d'huile d'olive

Mettez l'échalote, les gousses d'ail et le vin blanc dans une casserole, portez à ébullition et ajoutez les moules. Couvrez la casserole et laissez cuire sur feu vif jusqu'à ce que les coquillages soient ouverts. Laissez refroidir, puis décoquillez les moules, filtrez le jus et réservez.

Taillez le poivron en lanières et faites-le cuire dans de l'huile d'olive bien chaude. Faites rissoler les anneaux de calamar de la même manière.

Mettez les pâtes dans une grande quantité d'eau bouillante et laissez-les cuire, puis égouttez-les et rincez-les sous l'eau courante.

Versez le jus de cuisson des moules dans une casserole, ajoutez le safran et portez à ébullition. Ajoutez alors les pâtes, le chorizo, les lanières de poivron, les petits pois et les anneaux de calamar.

Faites chauffer, puis ajoutez les moules et dégustez.

Conseils : agrémentez les pâtes avec du jus de citron vert. Vous pouvez aussi ajouter à cette recette des cuisses de poulet ou des morceaux de poisson.

Macaronis gratinés au haddock et à l'oseille

Pour 4 personnes

400 g de macaronis
400 g de haddock (sans la peau)
1 botte d'oseille
1 cuil. à café de poivre rose
250 g d'emmental râpé
25 cl de crème fraîche épaisse
3 cuil. à soupe d'huile de noix

Mettez à dégorger le haddock sous un filet d'eau courante, puis taillez-le en cubes de 1 cm de côté.
Lavez l'oseille et effeuillez-la. Écrasez le poivre rose avec le fond d'une casserole.
Faites cuire les macaronis, puis égouttez-les et rincez-les sous l'eau courante.
Mélangez les macaronis, le haddock, l'oseille et le poivre rose avec l'emmental et l'huile de noix, et transférez le tout dans un plat à gratin.
Faites cuire pendant 35 minutes au four préchauffé à 175 °C (th. 5-6). Dégustez ce plat dès la sortie du four, avec la crème fraîche tiédie.

Conseil : n'hésitez pas à ajouter dans les macaronis des champignons de Paris, s'il en reste quelques-uns dans votre réfrigérateur.

Linguine au bœuf et chou blanc au basilic, échalotes, vinaigre et poivre

Pour 4 personnes

400 g de linguine
4 onglets ou 4 bavettes de bœuf de 125 g pièce
150 g de chou blanc
20 feuilles de basilic
4 cuil. à soupe d'échalotes hachées
15 cl de vinaigre de vin vieux
1 cuil. à café de poivre mignonnette
2 cuil. à soupe de pistaches concassées
2 cuil. à soupe de sésame grillé
10 cl d'huile d'arachide
10 cl d'huile d'olive

Mettez les échalotes, le poivre mignonnette et le vinaigre dans une casserole, et faites cuire à feu doux jusqu'à ce que le vinaigre soit évaporé. Débarrassez et réservez.

Faites cuire les linguine, puis égouttez-les et rincez-les sous l'eau courante.

Taillez la viande bœuf en lanières de 1 cm. Séparez les feuilles de chou blanc et coupez-les en triangles ayant une base de 3 cm.

Réchauffez les linguine dans l'huile d'olive. Au même moment et dans une autre poêle, faites revenir vivement les lanières de viande dans l'huile d'arachide (elles doivent être saignantes).

Ajoutez aux linguine la viande, le chou blanc, les échalotes au vinaigre, les pistaches, le sésame et les feuilles de basilic. Remuez délicatement, servez et dégustez.

Conseils : vous pouvez ajouter de fines tranches de poire crue à la recette, ainsi que des zestes d'orange. Vous pouvez également remplacer la viande de bœuf par du thon.

Gratin de coquillettes, boudin, foie gras et pomme verte

Pour 4 personnes

400 g de coquillettes
300 g de boudin noir
125 g de foie gras cru
2 pommes granny smith
1 oignon rouge
1 cuil. à soupe d'huile de noix

Faites cuire les coquillettes, puis égouttez-les et rincez-les sous l'eau courante.

Enlevez la peau du boudin et taillez ce dernier en tranches de 1 cm d'épaisseur. Épluchez les pommes et l'oignon rouge, et taillez-les en dés.

Mélangez le boudin, les pommes et l'oignon avec les coquillettes, puis versez le tout dans un plat à gratin badigeonné d'huile de noix. Mettez au four préchauffé à 175 °C (th. 5-6) et laissez cuire pendant 30 à 35 minutes.

Pendant la cuisson du gratin, taillez de très fines tranches de foie gras cru (de 2 à 3 mm d'épaisseur) à l'aide d'un couteau trempé dans l'eau chaude. Déposez-les au fur et à mesure sur une assiette, recouvrez-les de papier film alimentaire et réservez au réfrigérateur.

Répartissez le gratin dans les assiettes de service et déposez sur chaque portion les fines tranches de foie gras cru. Dégustez aussitôt.

Conseils : servez ce plat avec une sauce au vin rouge. Vous pouvez aussi l'agrémenter de quelques grains de maïs.

Penne à la feta et aux herbes de Provence, œufs multicolores

Pour 4 personnes

400 g de penne
200 g de feta
1 cuil. à soupe bombée d'herbes de Provence
5 œufs durs
50 g d'œufs de saumon fumé
50 g d'œufs de hareng fumé
1/2 concombre
4 cuil. à soupe d'huile d'olive

Faites cuire les penne, puis égouttez-les et rincez-les sous l'eau courante.
Taillez le concombre en quatre dans le sens de la longueur, ôtez les pépins et détaillez les quartiers en tronçons de 1 cm. Coupez la feta en cubes, et les œufs durs en quatre.
Réchauffez les penne dans l'huile d'olive, puis ajoutez les herbes de Provence, les triangles de concombre, les œufs de saumon et ceux de hareng.
Remuez délicatement, répartissez dans les assiettes, décorez avec les quartiers d'œuf dur et dégustez.

Conseils : vous pouvez accompagner cette recette d'un gaspacho de concombre. Pour cela, mixez 4 concombres avec un peu d'eau minérale et quelques gouttes de vodka ou de gin, et filtrez à l'aide d'une passette fine. Servez frais, dans des verres, en accompagnement des penne. Ajoutez également au dernier moment quelques framboises fraîches.

Rigatoni pinacolada

Pour 4 personnes

300 g de rigatoni 2.4 de la marque De Cecco®
1,5 litre de jus d'ananas
1/4 d'ananas
1 mangue
2 bananes
4 cuil. à soupe de raisins secs
Malibu® (boisson alcoolisée à la noix de coco)
4 cuil. à soupe de noix de coco râpée et grillée
2 citrons verts
glace rhum-raisins ou vanille

Recouvrez les raisins secs de Malibu, laissez-les macérer pendant 3 heures et égouttez-les.
Faites cuire les pâtes dans le jus d'ananas, puis égouttez-les et rincez-les sous l'eau courante. Réservez à température ambiante.
Taillez l'ananas, les bananes et la mangue en petits dés (le plus finement possible), ajoutez le jus et le zeste râpé des citrons verts, la noix de coco et les raisins macérés.
Remplissez les rigatoni avec ce mélange de fruits et servez-les frais, accompagnés de la glace de votre choix.

Conseils : ce dessert peut être servi chaud et agrémenté d'une sauce au rhum et de glace à la vanille. Selon la saison, vous pouvez choisir des glaces et des fruits différents, par exemple fruits rouges avec une glace à la pistache en été, pommes et poires avec une glace caramel-beurre salé en automne ou oranges sanguines et pomelos avec une glace au nougat au printemps.

Lasagnes de pommes Tatin et crème à la pistache, amandes au sucre

Pour 4 personnes

8 feuilles de lasagne cuites
4 pommes granny smith
1 citron jaune
100 g de sucre + 1 cuil. à soupe
1 cuil. à soupe d'eau froide + 5 cl d'eau chaude
1 cuil. à café de beurre demi-sel
4 pots de 125 g de Danette® à la pistache
125 g d'amandes effilées
1 blanc d'œuf

Confectionnez un caramel avec les 100 g de sucre, la cuillerée à soupe d'eau froide et quelques gouttes de jus de citron. Lorsque le caramel est bien blond, incorporez l'eau chaude (méfiez-vous des projections) et le beurre demi-sel. Laissez sur le feu pendant 1 minute en mélangeant sans cesse et versez dans un plat à gratin ou dans un moule à gâteau antiadhésif. Réservez à température ambiante.

Pommes Tatin : épluchez les pommes, coupez-les en quatre et déposez-les dans le plat, sur le sirop de caramel. Mettez au four préchauffé à 175 °C (th. 6) et laissez cuire pendant 20 à 25 minutes, jusqu'à ce que les pommes soient fondantes. Sortez le plat du four et laissez reposer.

Amandes au sucre : battez le blanc d'œuf pour qu'il devienne légèrement mousseux, ajoutez les amandes et la cuillerée à soupe de sucre, puis mélangez délicatement.

Étalez les amandes sur une plaque antiadhésive et mettez-les dans le four chauffé à 160 °C (th. 5-6) jusqu'à ce qu'elles soient blondes, en les remuant avec une fourchette de temps à autre. Laissez refroidir et réservez dans une boîte hermétique.

Préparez quatre ramequins à crème catalane. Découpez les feuilles de lasagne cuites à l'aide d'un emporte-pièce du diamètre des ramequins et déposez dans le fond de chacun d'eux un disque de lasagne. Versez le contenu des pots de crème à la pistache, couvrez d'une feuille de lasagne, répartissez les pommes Tatin et recouvrez d'une dernière feuille de lasagne.

Mettez au frais jusqu'au moment de servir, puis répartissez les amandes au sucre sur les lasagnes et dégustez.

Conseil : vous pouvez remplacer les pommes par de l'ananas nature, l'accompagner de Danette® au caramel et saupoudrer les lasagnes de noix de coco râpée et grillée.

Feuilles de lasagne au beurre Suzette

Pour 4 personnes

6 feuilles de lasagne cuites
100 g de sucre
1 cuil. à soupe d'eau froide
5 cl de jus de citron + quelques gouttes
5 cl de jus d'orange
1 cuil. à soupe de beurre
Grand Marnier ou cointreau
les zestes râpés d'un demi-citron et d'une demi-orange
glace à la vanille

Confectionnez un caramel avec le sucre, la cuillerée à soupe d'eau et quelques gouttes de jus de citron. Lorsqu'il est bien blond, incorporez les jus de citron et d'orange chauds (méfiez-vous des projections). Laissez sur le feu pendant 1 minute en mélangeant sans cesse, puis ajoutez le beurre, mélangez jusqu'à complète incorporation de ce dernier, ajoutez les zestes et réservez hors du feu.

Taillez les lasagnes cuites en deux dans le sens de la largeur. Versez 1 cuillerée à soupe de sirop de caramel dans une grande poêle bien chaude. Déposez-y quelques feuilles de lasagne et faites-les « rouler » dans le caramel, puis ajoutez 1 cuillerée à soupe de Grand Marnier, flambez et débarrassez.

Réalisez cette opération autant de fois que nécessaire jusqu'à épuisement des ingrédients. Servez bien chaud, avec de la glace à la vanille.

Conseil : vous pouvez utiliser ce beurre Suzette pour accompagner des fruits (ananas, bananes, pommes, poires...).

Spaghettis à la carbonara version sucrée

Pour 4 personnes

275 g de spaghettis
35 cl de lait
15 cl de crème liquide
6 jaunes d'œuf
100 g de sucre
1 gousse de vanille
50 g de noix de coco râpée
350 g de chair de mangue

Portez le lait à ébullition avec la crème et la gousse de vanille, préalablement fendue en deux dans le sens de la longueur et grattée. Fouettez vivement les jaunes d'œuf avec le sucre jusqu'à ce qu'ils blanchissent.

Versez petit à petit et en mélangeant le lait bouillant sur le mélange précédent, puis reversez dans la casserole et faites cuire sur feu doux en remuant constamment avec une spatule. La crème est cuite lorsqu'elle nappe la spatule. Filtrez cette crème anglaise à l'aide d'une passoire fine, laissez refroidir et réservez au réfrigérateur.

Faites cuire les spaghettis, puis égouttez-les et rincez-les sous l'eau courante. Taillez la chair de mangue en très fines lanières. Mélangez les spaghettis avec la mangue, la noix de coco râpée et la crème anglaise. Dégustez bien frais.

Conseil : vous pouvez ajouter à la recette des feuilles de menthe hachée.

Crackers au sucre, guacamole et granité Orangina®-coriandre

Pour 4 personnes

10 feuilles de pâte à ravioles chinoises
2 avocats mûrs
2 cuillerées à soupe de jus de citron vert
2 cuillerées à soupe de jus d'orange
2 bouteilles d'Orangina® de 33 cl
2 cuillerées à soupe de coriandre fraîche hachée
sucre semoule ou sucre glace
huile de friture

La veille, préparez le granité : versez les deux bouteilles d'Orangina® dans un récipient allant au congélateur et laissez prendre en glace toute la nuit.

Le jour même, vérifiez que la totalité de l'Orangina® est bien congelée. Grattez la surface avec deux fourchettes de façon à obtenir de fines paillettes, puis remettez ce granité au congélateur.

Récupérez la chair des avocats et écrasez-la à la fourchette, en ajoutant petit à petit les jus de citron vert et d'orange. Réservez au réfrigérateur.

Coupez les feuilles de pâte à ravioles chinoises en deux dans le sens de la diagonale et faites-les frire dans une huile pas trop chaude (170 °C). Égouttez ces crackers sur du papier absorbant et saupoudrez-les de sucre semoule ou de sucre glace.

Au dernier moment, répartissez la purée d'avocats dans des verres, surmontez-la de granité d'Orangina® et parsemez le tout de coriandre hachée. Dégustez rapidement, avec les crackers au sucre.

Conseil : mettez les verres au congélateur avant de dresser les éléments, pour éviter que le granité ne fonde trop rapidement.

Millefeuille minute orange-cacao

POUR 4 PERSONNES

24 feuilles de pâte à ravioles chinoises
50 cl de lait
3 jaunes d'œuf
100 g de sucre semoule
50 g de farine
1/2 gousse de vanille
1 orange non traitée
1 cuil. à soupe de Grand Marnier
2 cuil. à soupe de cacao
2 cuil. à soupe de pistaches hachées
sucre glace
50 cl d'huile d'arachide (pour la friteuse)

Mettez le lait à chauffer avec la demi-gousse de vanille. Fouettez les jaunes d'œuf et le sucre dans un saladier jusqu'à ce que le mélange blanchisse, puis ajoutez la farine et mélangez.

Versez le lait bouillant sur la préparation précédente, retirez la gousse de vanille et remettez dans la casserole. Portez à ébullition en remuant constamment et laissez cuire 2 ou 3 minutes, puis débarrassez en divisant la masse en deux. Parfumez-en une moitié avec le Grand Marnier et le zeste râpé de l'orange, et l'autre moitié avec le cacao. Réservez au réfrigérateur.

Faites frire les feuilles de pâte à ravioles chinoises dans l'huile d'arachide pas trop chaude (170 °C), déposez-les sur du papier absorbant et saupoudrez-les de sucre glace. Laissez refroidir à température ambiante.

Étalez 8 feuilles de pâte à ravioles frites sur le plan de travail. Déposez sur chacune 1 cuillerée à soupe de crème à l'orange, recouvrez avec une autre feuille de pâte, étalez dessus 1 cuillerée de crème au cacao et couvrez le tout d'une dernière feuille de pâte à ravioles. Saupoudrez de pistaches hachées, servez et dégustez.

Conseil : vous pouvez choisir vous-même les parfums de votre millefeuille, par exemple en changeant l'alcool ou en ajoutant des morceaux de fruits (praliné-pistaches, kirsch-ananas, curaçao-framboises...).

« Calamars » aux fruits rouges, éclats de fraises Tagada®

Pour 4 personnes

300 g de pâtes « calamars »
75 cl de curaçao
250 g de fraises
1 barquette de framboises (125 g)
120 g de fraises Tagada®
1 cuil. à soupe de sucre semoule
6 feuilles de menthe

Faites cuire les pâtes dans un mélange constitué d'eau et de curaçao à parts égales, puis égouttez-les et rincez-les sous l'eau courante.
Taillez les fraises fraîches en quatre, les fraises Tagada® en deux, et mettez-les dans un saladier.
Ajoutez les framboises, le sucre et les feuilles de menthe grossièrement coupées. Mélangez le tout avec les pâtes, servez et dégustez.

Conseils : essayez cette recette en remplaçant les feuilles de menthe par des feuilles de basilic. Vous pouvez, à votre convenance, changer les fruits et les confiseries de la recette : par exemple, de la banane fraîche avec des bonbons à la banane, de l'ananas avec des M&M's®, de la pomme et de la poire avec des petits morceaux de rouleau de réglisse et des dragées concassées.

Sachet de thé au Nutella®, jus d'ananas à la bergamote

Pour 4 personnes

24 feuilles de pâte à ravioles chinoises
12 cuil. à café de pâte à tartiner (de type Nutella®)
4 blancs d'œuf
75 cl de jus d'ananas
2 cuil. à café de thé earl grey
sorbet au citron vert

Portez à ébullition le jus d'ananas, mettez hors du feu et ajoutez le thé, puis laissez infuser pendant 5 minutes. Filtrez et réservez.

Étalez 12 feuilles de pâte à ravioles sur le plan de travail et déposez au centre de chacune d'elles 1 cuillerée à café de Nutella®. Badigeonnez légèrement les bords de blanc d'œuf à l'aide d'un pinceau, recouvrez des 12 autres feuilles de pâte à ravioles et pincez fortement les bords du bout des doigts pour les souder.

Confectionnez les sachets de thé : remontez les quatre coins des ravioles (comme une aumônière) et ficelez-les délicatement.

Répartissez les sachets dans des verres ou des bols, versez dessus le jus d'ananas au thé bouillant et laissez « cuire » pendant 2 minutes, puis retirez les ficelles et dégustez, accompagné de sorbet au citron vert.

Conseils : la « soudure » des ravioles doit être effectuée rapidement. Dès que le blanc d'œuf est appliqué sur les bords d'une feuille, recouvrez-la avec une autre (confectionnez les ravioles une par une). Le Nutella® peut être remplacé par de la confiture de framboises accompagnée de framboises fraîches.

Cannellonis façon tiramisu

Pour 4 personnes

8 tubes de cannellonis
8 cuil. à soupe de café soluble
6 jaunes d'œuf
125 g de sucre glace
250 g de mascarpone
10 g de feuilles de gélatine
300 g de crème fouettée (chantilly non sucrée)
70 g d'amaretto
2 cuil. à soupe de cacao

Fouettez vivement les jaunes d'œuf et le sucre glace jusqu'à l'obtention d'un mélange épais et mousseux, puis incorporez le mascarpone.

Faites chauffer l'amaretto et jetez dedans les feuilles de gélatine (préalablement ramollies dans un peu d'eau froide). Versez aussitôt la préparation sur l'appareil au mascarpone. Réservez au réfrigérateur pendant 15 minutes, puis incorporez délicatement la crème fouettée. Débarrassez et réservez au réfrigérateur pendant 6 heures.

Faites cuire les cannellonis dans un café corsé confectionné avec 1 litre d'eau et le café soluble, puis égouttez-les et rincez-les sous l'eau courante.

Remplissez les cannellonis avec la mousse au mascarpone à l'aide d'une poche munie d'une douille unie. Saupoudrez de cacao, servez et dégustez.

Conseils : vous pouvez, pour agrémenter la recette, servir en accompagnement une crème anglaise au café. Si vous remplacez la mousse au mascarpone par une mousse de fruits, accompagnez alors ces cannellonis d'un coulis de fruits rouges.

Spätzles au Pacific®, cacao et cacahuètes

Pour 4 personnes

250 g de Spätzles
50 cl de Pacific® (boisson anisée sans alcool)
4 cuil. à soupe rase de cacao
2 cuil. à soupe de sucre glace
4 cuil. à soupe de cacahuètes grillées à sec
glace à la vanille

Faites cuire les Spätzles dans un mélange constitué à parts égales de Pacific® et d'eau, puis égouttez-les et rincez-les sous l'eau courante.
Mélangez les pâtes avec le sucre glace et les cacahuètes. Répartissez dans les assiettes de service, saupoudrez de cacao et dégustez, avec une boule de glace à la vanille.

Conseil : pour une entrée amusante, utilisez des Spätzles cuites dans le même mélange de Pacific® et d'eau, et ajoutez-leur des tranches de fromage de chèvre en bûche, de l'huile d'olive et les cacahuètes. Pour un plat principal, utilisez les Spätzles cuites dans ce même mélange et servez-les avec une dorade au fenouil et à l'aneth.

Crackers sucrés

Pour 4 personnes

30 feuilles de pâte à ravioles chinoises
1 litre d'huile d'arachide
sucre semoule ou sucre glace

Pour la sauce pomme-ananas :
300 g de compote de pommes
150 g de purée d'ananas

Pour la sauce poire-passion :
300 g de compote de poires
3 fruits de la Passion

Pour la sauce pruneau-orange :
250 de pruneaux dénoyautés
15 cl de jus d'orange

Pour la sauce citron-cannelle :
250 g de crème pâtissière
2 citrons jaunes
2 cuil. à café rases de cannelle

Confectionnez pour commencer les différentes sauces d'accompagnement.

Sauce pomme-ananas : mélangez la compote de pommes et la purée d'ananas, puis réservez.

Sauce poire-passion : coupez en deux chacun des fruits de la Passion, récupérez les graines, ajoutez-les à la compote de poires et réservez.

Sauce pruneau-orange : mettez les pruneaux et le jus d'orange dans la cuve de votre robot, mixez jusqu'à l'obtention d'une crème bien lisse et réservez.

Sauce citron-cannelle : ajoutez à votre crème pâtissière le jus des citrons et la cannelle. Fouettez vivement et réservez.

Coupez les feuilles de pâte à ravioles en deux dans la diagonale de façon à obtenir des triangles. Faites frire ces derniers, par petites quantités, dans l'huile chauffée à 165 °C, puis égouttez-les au fur et à mesure sur des feuilles de papier absorbant.

Saupoudrez les crackers de sucre et dégustez-les en les trempant dans les différentes sauces.

Conseil : ces crackers peuvent accompagner de la mousse au chocolat, du fromage blanc à la confiture, une salade de fruits... Laissez libre cours à votre imagination.

Spaghettis Arlequin

Pour 4 personnes

300 g de spaghettis
différents sirops (grenadine, orange, menthe, cassis, curaçao bleu...)
1 litre d'huile de friture (huile d'arachide)
sucre semoule

Diluez chacun des sirops choisis dans de l'eau de façon à obtenir des solutions légèrement sucrées et colorées (environ 7 cl de sirop pour 1 litre d'eau).

Divisez les spaghettis en fonction du nombre de sirops préparés, puis faites-les cuire dans les différents sirops. Égouttez-les, rincez-les sous l'eau courante et séchez-les bien dans un torchon avant de les mélanger.

Faites-les frire, par petites quantités, dans une huile pas trop chaude (170 °C). Égouttez-les sur du papier absorbant, saupoudrez-les de sucre et dégustez.

Conseil : avant d'être dévorés sans retenue, ces spaghettis peuvent servir à décorer vos tables et vos buffets.

Nid douillet

Pour 4 personnes

300 g de vermicelles de riz

Smarties® et M&M's® (la quantité varie selon la gourmandise des convives)

sucre glace

1 litre d'huile de friture (huile d'arachide)

Mettez à tremper les vermicelles de riz pendant 2 heures dans une grande quantité d'eau, puis égouttez-les et séchez-les dans un torchon.

Faites-les frire par petites quantités dans une huile pas trop chaude (170 °C), égouttez-les sur du papier absorbant et poudrez-les légèrement de sucre glace.

Disposez les vermicelles dans un vase transparent ou tout autre récipient ludique et décalé, parsemez de Smarties® et de M&M's®, et dégustez.

Conseil : idéal pour les goûters d'anniversaire de vos enfants ! N'hésitez pas à vous servir de ce nid douillet comme « arbre à confiseries » pour y disposer sucettes, chamallows, caramels...

Tagliatelles à la châtaigne et au potiron, sauce chocolat-whisky

POUR 4 PERSONNES

275 g de pâte à la farine de châtaigne (recette page 99)
150 g de potiron cru
6 châtaignes crues et épluchées
20 cl de lait
200 g de chocolat noir à 60 % de cacao
1 cuil. à soupe de whisky
le zeste râpé d'un citron jaune
2 cuil. à soupe d'huile de noix
glace à la vanille

Sortez la pâte à la farine de châtaigne du réfrigérateur 30 minutes avant de la détailler.

Étalez-la finement au laminoir de manière à obtenir de grandes bandes rectangulaires, puis passez ces bandes dans le laminoir muni de la grille à tagliatelles. Réservez ces dernières sur un torchon sans les superposer et farinez-les légèrement.

Faites cuire les tagliatelles dans une grande quantité d'eau additionnée de l'huile de noix, puis égouttez-les et rincez-les sous l'eau courante.

Faites fondre le chocolat avec le lait, ajoutez le whisky et réservez à température ambiante.

Prélevez de fines bandes de potiron cru et de fines lamelles de châtaigne crue à l'aide d'un économe. Mélangez-les aux tagliatelles avec le zeste de citron, puis dégustez, avec la sauce chocolat-whisky et de la glace à la vanille.

Conseil : vous pouvez remplacer le potiron par de fines tranches d'orange ; dans ce cas, accompagnez la recette de glace à la noix de coco et de jus de pomme verte lié.

Fusilli au café et au sésame, raisins à la fleur d'oranger

Pour 4 personnes

300 g de fusilli
café soluble
8 cuil. à soupe de grains de raisin blanc frais
4 cuil. à soupe de raisins secs
eau de fleur d'oranger
4 cuil. à soupe de sésame grillé au four
1/2 orange
1/2 citron jaune
sucre semoule

Faites cuire les fusilli dans un café léger et peu sucré, confectionné à partir de café soluble. Égouttez-les et rincez-les sous l'eau courante.

Recouvrez les raisins secs d'eau de fleur d'oranger et laissez-les gonfler pendant 2 heures. Coupez en deux les grains de raisin frais et mélangez-les avec 1 cuillerée à soupe de sucre semoule, le zeste râpé de la demi-orange et celui du demi-citron.

Égouttez les raisins secs et ajoutez-les aux raisins frais. Mélangez les fusilli, les deux raisins et le sésame grillé, puis servez et dégustez.

Conseils : prenez le temps d'épépiner les raisins frais à l'aide d'un trombone tordu. Pour un goût d'Orient plus prononcé, ajoutez 1 ou 2 cuillerées de miel et de la menthe fraîche ciselée.

index

pour en savoir plus

Eugene Newton ANDERSON, *The Food of China*, Yale University Press, New Haven, 1988.

Bernadette LOSCHI, *Les petites Savoyardes ont décroché la lune*, Société d'histoire et d'archéologie de Maurienne, Saint-Jean-de-Maurienne, 1995.

Nicole BLANC et Anne NERCESSIAN, *la Cuisine romaine antique*, Glénat-Faton, Grenoble-Dijon, 1992.

Philippe BRAUN et Jean-Paul HEBRARD, *Blé dur : objectif qualité*, Institut technique des céréales et des fourrages (ITCF), Office national interprofessionnel des céréales (ONIC), 1996.

Alberto CAPATTI et Massimo MONTANARI, *la Cuisine italienne : histoire d'une culture*, préface à l'édition française de Jacques Le Goff, Le Seuil, Paris, 2002.

William CHAN TAT CHUEN, *la Cuisine chinoise*, P. Picquier, Arles, 2002.

« Contre Marco Polo : une histoire comparée des pâtes alimentaires », *Médiévales*, n° 16-17, 1989.

Marie-Françoise GRILLOT et Serge André MOUZAY, *les Pâtes : de l'épi à l'assiette*, Frison-Roche, Paris, 1998.

Ron KONZAK, *The Book of Ramen : Lowcost Gourmet Meals Using Instant Ramen Noodles*, Turtleback Books, Friday Harbor (WA), 1993.

Bruno LAURIOUX, *le Moyen Âge à table*, A. Biro, Paris, 1989.

Bruno LAURIOUX, *Manger au Moyen Âge : pratiques et discours alimentaires en Europe aux XIV*

Catherine MALAVAL et Roland OBERLE, *l'Histoire des pâtes d'Alsace : l'aventure industrielle d'un produit régional*, Vetter, Bouxwiller (Thomastal, 67330), 1996.

Charles-Pierre MONSELET, *la Cuisinière poétique*, Le Promeneur, Paris, 1988 (réédition).

Maria ORSINI NATALE, *la Main à la pâte*, Phébus, Paris, 2004.

Pascal ORY, *le Discours gastronomique français des origines à nos jours*, Gallimard, Paris, 1998.

Jean-François REVEL, *Un festin en paroles : histoire littéraire de la sensibilité gastronomique, de l'Antiquité à nos jours*, Plon, Paris, 1995.

Françoise SABBAN, « De la main à la pâte : réflexion sur l'origine des pâtes alimentaires et les transformations du blé en Chine ancienne (IIIe siècle av. J.-C. - VIe siècle apr. J.-C.), *l'Homme* n° 113, janvier-mars 1990.

Silvano SERVENTI et Françoise SABBAN, *les Pâtes : histoire d'une culture universelle*, Actes Sud, Arles, 2001.

Frederick J. SIMOONS, *Food in China : a Cultural and Historical Inquiry*, Boca Raton, Ann Arbor, CRC Press, Boston, 1991.

Philip SINSHEIMER, *les Pâtes du terroir italien : histoire et recettes* (recettes d'Adèle ORTESKI), Minerva, Genève-Paris, 1999.

James UDESKY, *The Book of Soba*, Kodansha International, Japan, 1995.

Lu WENFU, *le Gourmet : vie et passion d'un gastronome chinois*, précédé d'un « avant-goût » par Françoise SABBAN, Philippe Picquier, Paris, 1996.

carnet d'adresses

Voici quelques adresses en ligne où vous pourrez trouver des pâtes italiennes traditionnelles, des spécialités régionales, des pâtes asiatiques, des pâtes bio, des pâtes insolites… et même des machines pour fabriquer vos pâtes vous-même.

WWW.BIENMANGER.COM
Vente en ligne de pâtes bio, de pâtes à la spiruline, de pâtes de riz…

WWW.GUYGROS.COM
Vente en ligne de pâtes artisanales de Savoie
Ets Guy Gros
Le Villard du Planay
73350 Bozel
Tél : 04 79 55 00 22
Fax : 04 79 22 10 80

WWW.ITALIADELIZIE.COM
Vente en ligne de pâtes italiennes

WWW.JAPONMANIA.COM
Vente en ligne de nouilles japonaises

WWW.LA-BOTTEGA.COM
Vente en ligne de pâtes italiennes
La Bottega
8 *bis*, rue au Peterinck
59800 Lille
Tél./Fax : 03 20 21 16 85

WWW.MEILLEURDUCHEF.COM
Vente en ligne de machines à pâtes

WWW.QUALITALIA.FR
Vente en ligne de pâtes italiennes
Qualitalia
38, rue Brocca
75005 Paris
Tél. : 01 47 07 11 44
Fax : 01 47 07 11 88

WWW.RAVIOLE.COM
Informations sur les ravioles
Saint-Jean SAS
44, avenue des Allobroges
BP 277
26106 Romans-sur-Isère
Tél. : 04 75 05 83 80

WWW.TOMPRESS.COM
Vente en ligne de machines à pâtes

WWW.ULTIMAPASTA.COM
Vente en ligne de pâtes italiennes ou par téléphone au 0 820 610 100 du lundi au vendredi de 9 h à 21 h et le samedi de 10 h à 18 h

WWW.YNDELLA.COM
Vente en ligne de pâtes italiennes
Yndella
Via Tourneuve, 16/c
11100 Aosta (AO)
Italie

ÉGALEMENT À VISITER…

MUSEO NAZIONALE DELLE PASTE ALIMENTARI
Piazza Scanderbeg 117
00187 Roma (RM)
Italie
Tél. : 00 39 06 69 91 120
Fax : 00 39 06 69 91 109
WWW.MUSEODELLAPASTA.IT

table des matières

crédits photographiques

PHOTOS DE COUVERTURE : Jérôme Bilic, **PAGE 2 :** © Keren Su/Corbis, **PAGE 4 :** © Paul Chesley/GettyImages/Stone, **PAGE 8 :** © Werner Forman/Corbis, **PAGE 9 :** © Cop. Bibliothèque centrale du Muséum national d'histoire naturelle Paris, 2005, **PAGE 10 :** © Fototeca Storica Nazionale/GettyImages, **PAGE 11 :** © Arne Hodalic/Corbis, **PAGE 12 :** © Cop. Bibliothèque centrale du Muséum national d'histoire naturelle Paris, 2005, **PAGE 13 :** La Caravane, gravure des frères Rouargue, 1855 © Bridgeman Art Library/Giraudon/Stapleton Collection, **PAGE 15 :** © Österreichische Nationalbibliothek, Vienne, Autriche/Bridgeman Art Library/Giraudon, **PAGE 16 :** © Stapleton Collection/Corbis, **PAGE 17 :** © Historical Picture Archive/Corbis, **PAGES 18-19 :** © Archivo Iconografico, S.A./Corbis, **PAGE 20 :** © Hulton-Deutsch Collection/Corbis, **PAGE 21 :** © Alinari/Roger-Viollet, **PAGE 22 :** © Boyer/Roger-Viollet, **PAGE 23 :** © Roger-Viollet, **PAGE 24 :** © Philip James Corwin/Corbis, **PAGE 25 :** © Ullstein/Roger-Viollet, **PAGE 27 :** © Jérôme Bilic, **PAGE 29 :** © Jérôme Bilic, **PAGE 31 :** © Jérôme Bilic, **PAGE 32 :** © Benjamin F Fink Jr/GettyImages, **PAGE 33 :** © Jean-Daniel Sudres, **PAGE 34 :** © Julia Waterlow/Eye Ubiquitous/Corbis, **PAGE 35 :** © Carl et Ann Purcell/Corbis, **PAGE 38 :** © Archivo Iconografico, S.A./Corbis, **PAGE 39 :** © Archivo Iconografico, S.A./Corbis, **PAGE 41 :** © Historical Picture Archive/Corbis, **PAGE 42 :** Ecole italienne, XIXe siècle © Bibliothèque des Arts décoratifs, Paris/Archives Charmet/Bridgeman Art Library/Giraudon, **PAGE 43 :** musée des Beaux-Arts de Mulhouse, France © Bridgeman Art Library/Giraudon, **PAGE 44 :** © Roger-Viollet, **PAGE 45 :** © Jérôme Bilic, **PAGE 46 :** © Michael Freeman/Corbis, **PAGE 47 :** © Kevin R. Morris Bohemian Nomad Pisturemakers/Corbis, **PAGE 48 :** © John Springer Collection/Corbis, **PAGE 49 :** © Bettman/Corbis, **PAGE 50 :** © Michael Maslan Historic Photographes/Corbis, **PAGE 51 :** © Jeremy Horner/Corbis, **PAGE 52 :** © Wolfang Kaelher/Corbis, **PAGE 53 :** © Michael S. Yamashita/Corbis, **PAGE 55 :** Musée Guimet, Paris, France © RMN/Droits réservés, **PAGE 57 :** © Asian Art and Archaeology, Inc./Corbis, **PAGES 58-59 :** © Keren Su/Corbis, **PAGE 62 :** © Michel Cadestin, **PAGE 63 :** © Jérôme Bilic, **PAGE 65 :** © Jérôme Bilic, **PAGE 67 :** © Jérôme Bilic, **PAGE 68 :** © Bettman/Corbis, **PAGE 69 :** © Jérôme Bilic, **PAGE 70 :** © Philippe Starck/photographe : Hervé Ternisien, **PAGE 71 :** © Swim Ink 2, LLC/Corbis, **PAGE 73 :** © Jérôme Bilic, **PAGE 74 :** © Fernando Bueno/The Photographer's Choice/GettyImages, **PAGE 75 À GAUCHE :** © Paul A. Souders/Corbis, **PAGE 75 À DROITE :** © Joël Sartore/National Geographic/GettyImages, **PAGES 76-77 :** © George H. H. Huey/Corbis, **PAGE 81 :** © Jérôme Bilic, **PAGE 82 :** © Foodcollection/GettyImages, **PAGE 83 :** © Sheldan Collins/Corbis, **PAGE 85 :** © Jérôme Bilic, **PAGE 86 :** © Gibson & Smith/GettyImages, **PAGE 87 :** © Benjamin F Fink Jr/GettyImages, **PAGE 89 :** © Jérôme Bilic, **PAGE 90 :** © Ric Ergenbright/Corbis, **PAGE 91 :** © Steve Raymer/Corbis, **PAGE 92-93 :** © Tiziana et Gianni Baldizzone/Corbis, **PAGE 95 :** © Michael S. Yamashita/Corbis, **PAGES 96 À 185 :** © Jérôme Bilic.

table des recettes

index des recettes

Dédicaces et remerciements

Fabienne Gambrelle dédie ce livre à Mai Yoshino.
Elle remercie Michel Cadestin, Philippe Starck, Patrick Remeaud (LARC, Le Creusot), ainsi que Muriel Badet, Mariette Broussous, Marie Descourtieux, Pascal Deymes, Françoise Gury, André Gambrelle, Chrystel Martin, Christian Michel, Jean Quincy, Audrey Provost, Fabio Scotto, Atsuko Tamada, Pierre Verdrager, Jean-Michel Vinciguerra et Tomoko Wada.

Benoît Bordier dédie ce livre à sa maman, la plus jolie des gourmandes.
Il remercie Gilles Choukroun pour le passage de relais ; Suyapa Granda Bonilla, Aurélie Baudrier-Rasson et toute l'équipe des éditions Solar pour leur gentillesse et leur bonne humeur ; Frédéric et Delphine Guidoni pour leur ouverture d'esprit ; Adrien Ruault pour ses envies d'aller plus loin ; Marie Leteuré et Jérôme Bilic pour leur passion communicative, et Catherine Bordier, son épouse et son moteur.

Marie Leteuré remercie Muji (www.muji.fr), ASA (0049 262 41 89 83, dans les grands magasins et magasins spécialisés), Jeannine Cros pour ses ravissants linges anciens aux couleurs d'aujourd'hui (01 45 48 00 67) et Anna-Luisa Chierici Rossa de Qualitalia pour ses pâtes exceptionnelles (www.qualitalia@qualitalia.fr).

L'éditeur remercie M. Starck et M. Cadestin pour lui avoir gracieusement permis de reproduire leur œuvre dans l'ouvrage.

Direction : Dominique Raynal
Responsable éditoriale : Suyapa Granda Bonilla
Conception graphique et réalisation : Guylaine Moi
Édition : Chloé Chauveau
Secrétaire d'édition : Aurélie Baudrier-Rasson
Iconographie : Fabienne Gambrelle
Photogravure : Articrom, Italie

ISBN : 2-263-03905-8
Code éditeur : S03905
1re édition

Dépôt légal : octobre 2005
Imprimé et relié par Canale & C. S.p.A., Turin, Italie